トラウトルアー釣り
超思考法

生きない経験、報われない努力にサヨウナラ

飯田重祐

つり人社

はじめに

ようこそ素晴らしい世界へ、そして正解のない世界へ。

この世界は入り口は少し狭いけれど、中に入ると広く果てしなく続いているのです。釣果が絶対ではなく、人と比べることでもなく、きれいな1尾だけでも満足できる世界だと思うのです。

釣っては放ち、釣っては放ち、無駄なことをやっているのかもしれない。

何のために魚を釣っているのか？　何を求めて釣りをしているのか？

たとえ魚が釣れたとしても簡単には正解にたどり着けないのかもしれません。


現代は僕が釣りを始めた頃に比べると圧倒的な情報量です。文字だけではなく画像、動画でダイレクトに侵入してきます。分からないこと、知らないことは瞬時に誰かが教えてくれます。知りたくないことも頭に入ってきます。

誰でも同じ情報を共有することが可能です。皆が同じ情報を持って川に立つことになるのです。でもそんなに情報武装しても、魚が応えてくれるとは限りません。

情報を積み重ねるだけではなく、情報を減らす、あるいは精査する、軽くする。情報が多いほど成功への、正解への近道と考えがちですが、釣りという遊びは、どうやら必ずしもそうとは限らないのではないでしょうか。

頭を空っぽにして渓流に立つ、魚に挑んだほうがよい結果が訪れる気もするのです。本能の赴くままが正しいのかもしれません。

最短距離で近づいたはずが遠回りだったり、遠回りのはずが実は近道かもしれません。

手軽に手にした情報は、近道は教えてくれるけれど歩き方までは教えてくれません。

歩いたほうがいいのか、走るべきなのか、立ち止まったほうがいいのか。

屈んだほうがいいのか、背伸びしたほうがいいのか。

皆が走るなら、のんびり歩いたほうが別の景色が見えるかもしれませんよね。

正解はどこにあるのでしょう。正解はアングラーの数だけあるのかもしれません。

ひょっとしたらあなたはもう、自分でそれを持って釣りをしているのかもしれませんよ。ただ気付かないだけで。

本書がその気付きのヒントになれば幸いです。

CONTENTS

Ⅳ フィールドでのテクニック

Ⅴ メンタルを鍛える

Ⅵ オフシーズンも豊かに過ごす

Ⅶ 未来へ

イラスト　廣田雅之
本文ＢＯＯＫデザイン　佐藤安弘（イグアナ・グラフィックデザイン）

I

自然を知り、糧にする

水生昆虫から水中の季節を知る

ルアーフィッシングをしていると、ともすればベイトの存在を忘れがちです。ミノーのアクションでバイトさせるにはどんなアクションがいいか？　このレンジまで潜らせてトゥイッチさせると反応するはず……アングラーはイレギュラーなアクションで魚をリアクションさせるのに懸命で、その時魚が実際に食べているもの、何か特別なエサに執着していないかなどといったことは、どうでもよくなってしまいがちです。

もともとトラウトルアー、特にミノーイングはスタートがマッチ・ザ・ベイトよりリアクションの釣りなので仕方のないことではあるのです。唯一、アユの遡上などベイトフィッシュの季節がマッチ・ザ・ベイトに一番近くなるといってもいいでしょう。

川では一年中何らかの水生昆虫が羽化し、産卵して死んでいきます。このサイクルは水生昆虫によって年に一度の種類もあるし、何度か見られるものもあります。

初春に見られる代表的な水生昆虫の一つにガガンボがいます。強い風に飛ばされそうな繊細で存在感の薄いこの昆虫が、実は重要な役割を果たしています。まだ陸生昆虫も少なく決定的な存在ではないので、水温が低い初期には重要なベイトとなるわけです。ただ常

リアクションが中心となるルアーの釣り。しかしトラウトの捕食対象物を観察するといろいろなヒントが得られるものだ

にハッチしているわけではなく、やや水温が上がった時間帯に、その時を待っていたかのように羽化します。ルアーでイミテートすることは難しいですが、羽化したのがどんな時かを知っておくのは重要だと思います。

水中と陸上の季節の進行は、少しずれて見えることがあります。気温は暖かいけれど水は前夜の降雨の影響で冷たいとか。逆もあるでしょう。僕らが学ぶべきは水中の季節の進行。魚も水中の季節に反応して行動しています。暦で動いているわけではないのです。

「3月下旬だから魚はこんな状況」という推測は必要ですが、この水生昆虫が出ているから若干季節の進行が早い、この昆虫が羽化しだしたから水温が上がってきたかもというように、水中の季節の進行を自分のカレンダーにできるともっと面白いかもしれません。

陸生昆虫の威力を知る

世界のタンパク源不足を補う切り札として注目されている昆虫（食）。それだけ栄養価が高いのでしょう。魚にとっても陸生昆虫は初夏から秋まで重要なエサで、トラウトが執着するのに充分魅力的です。大きくて食べやすいものが水面に落ちれば一番に反応するでしょう。そんな一度に大きなエサにありつける効率のよいベイトから、一匹一匹は小さくても量が多くまとまって捕食できるものまで、種類は多彩、大きさもさまざまです。

陸生昆虫が増えると相対的に水生昆虫の割合は減り、初夏から秋までの間、アングラーは陸生昆虫の威力をまざまざと見ることになります。梅雨が明けむせ返る暑さの夏、釣った魚のお腹が硬くいびつになっていた経験のある方は多いでしょう。甲虫、アリ、バッタ類の繁殖と、それらをいかに捕食できるかが秋の産卵に影響を与えると想像できます。

バッタは狭い地域で大発生することがあります。大発生といっても空を覆い尽くすレベルではなく、河原を歩いたり草むらを抜けたりすると大量のバッタが一斉に飛び立つ、そんな光景に出くわしたことはありませんか。大型のバッタが河原に登場すると、魚の注目度もこちらに移ります。バッタの飛行能力は低く、その飛び方はまさに行き当たりばったり。だから驚くとよく水面に落ちる。そして魚の意識は完全に水面に向く。水面上を飛ぶ小さな自然の飛翔体にご執心なのです。そんな時はサイズ、カラーをバッタに合わせて釣ると、繊細な水生昆虫では実現できなかったマッチ・ザ・ベイトを体感できるでしょう。

ボリュームのある陸生昆虫はルアーでもマッチ・ザ・ベイトが可能

突然の降雨は多くの陸生昆虫を川へ押し流します。魚はそのことをよく知っていて、対岸の際でアリを偏食していたりする。アリは小さいが重要なベイトであることは、フライフィッシャーなら誰でも知っています。まず数が多い。そして捕食しやすい。たぶん栄養価も高い。水面、水中を無数に流れるアリは、イモ虫と同程度に労力をかけずに捕食できる代表的な陸生昆虫なのでしょう。特にアシが茂っていたり、樹木が繁茂する側にはエサが流れる量とその質が高く、自然と魚がフィーディングしているものです。

遡上アユ、放流アユを知る

「海でスズキが稚アユを追っていた」「漁港でアユが釣れた」なんて話が聞こえてくると、そろそろ遡上の季節かなと思う。特に空前の遡上量の年はアユという魚がいかに他の生き物を支えているかを実感します。それは鳥であったり、フィッシュイーターであったり、は虫類であったり。稚アユは「川のイワシ」的な位置づけなのかもしれない。それでいて成魚になると人を引きつける古くからのゲームフィッシュ（アユの友釣り）でもあります。

忘れられない思い出があります。一人で釣りをしている時、直径1ｍほどの大きなアユ玉を発見。今考えると放流アユの群れだったのかもしれません。そのアユ玉の後ろに大きなトラウトがずっとついて来ている。決してあわてるでもなく、追い回すでもなく、たまにアユ玉から逸《そ》れたヤツを的確に捕食していた。その魚めがけてルアーを投げても全く反応しません。ルアーを完全に見切っている感じでした。

天然アユは当然だがかなり小さな状態で海から遡上を始め、汽水域を経て中流から渓流域まで広く遡上します。その間にコケを食んで大きくなる成長スピードは驚異的です。アユが遡上する季節には同じアブラビレのあるマスも遡上します。渓流のトラウトは基本的にはインセクトイーターですが、中流域に生息するトラウトは特にミノーイーターの傾向が強い。つまりトラウトにとってもアユの遡上は重要な季節となります。

アユに執着したトラウトはなかなかそこから離れない傾向にあるようで、時間帯によっては川のマス族では普段見られないような激しいチェイスをして浅瀬を追い回します。遡上に夢中で、なおかつまだまだ動きの鈍い稚アユは渓流魚の格好のエサなのでしょう。小型のトラウトでもかなりの確率でアユを捕食しており、食物連鎖の上下関係をまざまざと見る思いです。実はトラウトルアーをやっていて最もマッチ・ザ・ベイトを感じることができる貴重な季節でもあります。ミノーイングがイレギュラーで、リアクションの釣りではなくマッチ・ザ・ベイトを感じることが多くなるはず。アユというベイトのほうから僕らの釣りに寄り添ってくれるのがよく分かります。

アユ釣りも放流に依存している釣りです。天然遡上が豊富な河川は別にして、各地で放流が盛んに行なわれています。遡上できないダムの上も放流は多い（ダムが出来る前はそこまでアユはもちろんマス類も盛んに遡上していたことが想像できます）。また放流アユはナワバリを作るよりも、群れで仲よくコケを食むのを見る機会が多い気がします。そんな放流アユは天然よりもさらに捕食されやすく、普段はそれほど豊富にエサがない流域に放流されればマスたちは色めき立つに違いありません。そして一気に筋肉質の魚体を手に

アユはトラウトをインセクトイーターからミノーイーターに
変えるほどのインパクトをもつ

入れ爆発的に成長する。おそらく昔はこれが彼らの標準体型だったのでしょう。

アユは前述のとおり遡上が一段落すると石や岩に付くコケを食んで成長します。この状況になってもマスは捕食する機会をねらっています。それは、より大きなマスに限定されるかもしれないけれど。

アユの密度が高い川でランディングするとトラウトは大抵魚を吐くものです。ミノーへの追いが激しい時はアユのシーズン、そうなるとアユカラーだけでもいいかもしれない。

居着きのベイトフィッシュを知る

繰り返しますが渓流魚は基本的にはインセクトイーター、水生・陸生昆虫の捕食を中心に生活しているといえます。その傾向は上流部へ行くにつれて強まります。夏の山岳渓流で渓流魚の胃内容物を調べたところ、その大部分が陸生昆虫で占められていたという報告もあります。

僕自身も、ミノーイングをしていても大型の陸生昆虫をイメージしたり、リアクションで食わせる釣りに終始している。しかし、少し下流へフィールドを移すと状況は変ってきます。浅瀬にたくさんの稚魚が見られたり、ウグイの産卵を目にするような中流域、里川に代表されるハヤ、オイカワと混生するような河川ではそれらが渓流魚のベイトとなることも少なくありません。マス族は冷水性の魚ですが、安全でエサが豊富な環境があればそこに執着する傾向がある気がします。

ウグイは非常に繁殖力が強い魚で汽水域から渓流域まで広範囲に生息します。かなり上流で釣れて驚くこともしばしば。独特の婚姻色で群れをなして進軍してくる産卵は非常に印象的で、子供の頃はこれをスピナーでよく釣りました。その産卵に付いてくるマスを見たこと

小魚とはいえ飲み込みきれないサイズを捕食していたヤマメ。この状態で泳いでいるところを想像するとなかなかすさまじいものがある

はないけれど、ニジマスあたりだとあるかもしれない。そのくらい大規模なイベントです。しかし孵化した稚魚がその他の魚に食われていることは容易に想像できます。5月頃、くるぶし辺りの暖かい溜まりに群れをなしているのをよく見ます。動きの速い魚ではあるけれど、あれだけの量をねらわない理由はないでしょう。

オイカワは近年では減少傾向の魚かもしれません。以前はどこの川にもたくさんいて、やはり子供の頃は産卵期の美しいオスを釣るのに夢中になっていました。ハンドメイドルアーの黎明《れいめい》期にも美しいオイカワカラーが多く見られましたが、最近は少ないような気がします。ウグイよりもやや弱々しいイメージがあるオイカワは、飼育してみると実際難しかったのを思い出します。生かして持ち帰ろうとしても弱るのも早かった。また、動きが緩慢なのか食われているのによく出くわし、大型のオイカワを頭から飲み込んで吐きだすのは決まってイワナでした。

北へ行くにつれてドジョウの割合が多くなるのも特徴です。北東北でも川底を逃げるドジョウを見かけますが、北海道は本当に豊富で、ひょっとすると水生昆虫よりメインになっているのではないかと思うこともあるほど。以前、北海道で釣ったヤマメの口から吐き出されたドジョウがそのまま川に戻って行ったことがあります。印象的な光景でした。

岩が安定して動かない川は確実に魚をストックする

落差の大きな川、大きな岩が続くダイナミックな渓相は美しく誰をも引きつける。小さな規模の渓流でも岩が安定している川は魚が絶えることがありません。そこでは釣り人が完全に有利なのではなく、魚の側にアドバンテージがあるからでしょう。岩と岩の空間は魚を確実に守ってくれる。上空から襲ってくる鳥への対処も完璧。不意のゲリラ豪雨や集中豪雨でも安全な空間を提供してくれる住居で、柔軟性にはやや欠けるが耐久性は抜群。岩が安定して動かない川は魚を確実にストックしていると考えていい。

ダイナミックな渓相を釣り上がるのは一見して大変そうだけれど、かなりの大きな岩でも案外遡行できてしまうものです。振り返って、よくもこんな傾斜を上がってきたものだと感心したこともあるでしょう。

川を歩いていると、岩と石の配置が毎年変わらない川が多いことにも気づきます。多少砂の流入があっても安定したポイントを形成している、そんな川は魚の多さも突出しています。魚が付いているポイントも、ヒットするポイントも毎年同じ。何らかの理由で絶好の条件を有しているのでしょう。

底石が安定しているということは水生昆虫の生息にも適しているということだし、石の表面積が広いほど多くの水生昆虫をストックできる。そして岩の間を流れる水流の中を泳ぐ魚たちは、エサがどこに流れてくるのかをよく知っています。観察していると実に効率よくエサを捕食している。流れが安定しているので、あまり動き回らず待っていれば目の前までエサが運ばれてくるというわけです。

気をつけなければいけないのは、落ち込みの肩に魚が付いていることが多いので、不用意に頭を上げると警戒心を与えてそのまま終了になる。目線を上げすぎないこと。実はストーキングの難易度は高い。逆に岩をうまく利用しながらその

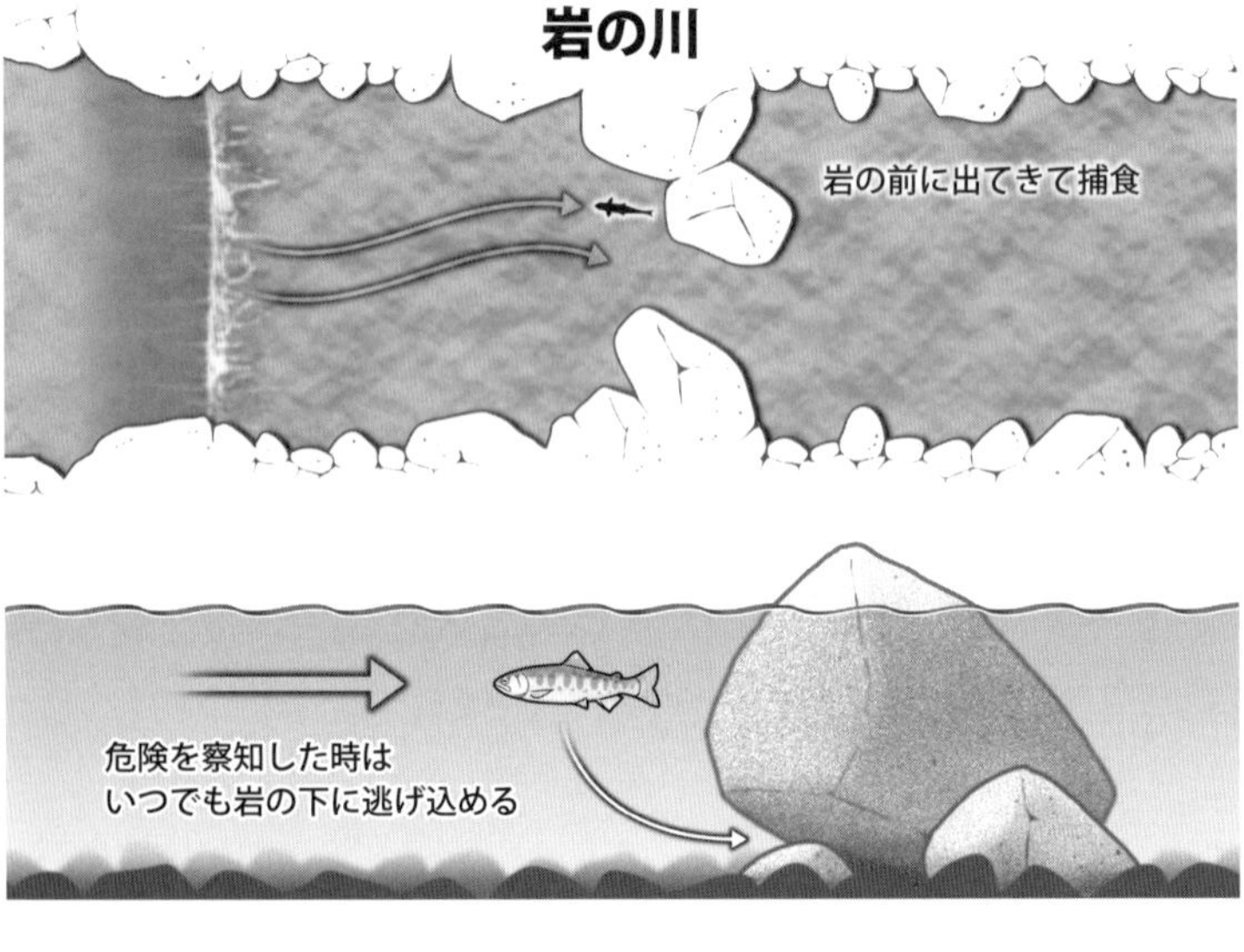
岩の川
岩の前に出てきて捕食
危険を察知した時は
いつでも岩の下に逃げ込める

隙間をテンポよく釣り上がることができれば、釣り人にとってもストーキングしやすい川といえるかもしれません。

音に対しても細心の注意が必要です。岩から水中に伝わる音は想像以上で、ちょっとした音を発したせいで勝負がついてしまう場合だってある。キャスティングにも気をつけなければなりません。ルアーが岩に当たる音は水中にも響いて影響します（もちろんルアー破損のリスクも考慮すべき）。岩に乗せて落としたりするテクニックも、最小限の音ですむようにに繊細なプレゼンテーションを心がけるべきでしょう。

メリハリのある渓相では釣り人も
慎重かつ大胆なアプローチで

アシの川はトラウトの王国

僕はアシの川が大好きです。アシの川は落差が少なく、典型的な里川の風情。比較的手軽に入渓できるのが里川のよいところでしょう。

川に入ってみよう。アシの世界に入ってミクロの視点で川を見れば、アシがしっかり世界を構築しているのが分かります。そしてその世界の頂点にトラウトがいる。アシの繁殖力は強い。流されても踏まれても、切られても再生してくる。流れにえぐられたアシの根元には大きな空間ができていて、魚が安心して潜むことのできる住処となっています。しかも複雑で強固。釣り人や鳥がくればそこに逃げ込めばいい。上からの天敵から守ってくれるのは魚にとっては重要だと思います。それは石や岩とは違った強さ、植物独特の柔軟性。懐の深いポイントを形成するのがアシの川の特徴といえるでしょう。

両側にアシが密生している川は魚が多い印象があります。両岸に植物があることで昆虫が豊富に生息し、エサと日陰を提供してくれるからです。また比較的入渓しやすいはずの里川も、季節が進みアシが急速に伸びると、相当なジャングルとなって釣り人を容易に寄せつけない天然の要塞と化します。そこまで密生すると釣り人も入渓が面倒だし、遡行も

人の背丈を超える高さに成長し密生するアシ。それは釣り人や空の天敵からトラウトを守り、快適な水温と豊富なエサを供給してくれる

大変だからいつしか足が遠ざかる。ほかに川はたくさんあるしね。

けれども僕は夏にトンネルのようになっているアシの中を進軍するのも大好き。強い流れもアシをつかむように遡行すれば大抵は大丈夫。川に入ると意外にひんやりしている。アシが太陽を遮《さえぎ》っているのでしょう。連続して長時間遡行していると足が冷えてくるのが分かる。気温が高くなるとどうしても緯度や標高の高いエリアに目がいきがちですが、ミクロの視線で探せば水温の比較的低いエリアがあることをアシの川は教えてくれます。

手強いバイカモの川

バイカモが繁茂している川は意外に多い。

大きな山はその広い裾野がより多くの雨を受け入れ、時には豊富な湧水群を形成し、素晴らしいフィールドを形成してトラウトを育んでいるものです。それほど大きくなくても素晴らしい広葉樹の森がある山もやはり安定して水が湧き、大きな水量ではないけれど豊かな生態系を作り出している。そしてバイカモの川もまた例外なく素晴らしいトラウトが生息し、アングラーを集めています。これらのフィールドの共通点は水温と水量が安定していることでしょう。もちろん水質も。

バイカモは成長が早く、魚に格好の隠れ場所を提供しています。ただ釣りやすいかと聞かれれば、なかなか手強いフィールドです。ミノーを投げれば毎回フックに藻が絡み付いてきて釣りどころではないでしょう。わずかに空いているトレースゾーンを正確に引いてくるのは至難の業だし、ビビりながらのキャストは今ひとつ精彩を欠きます。しかし、バイカモと喧嘩《けんか》をしてはいけないのだ。

早期から水温が高く、夏も安定しているバイカモの川では水生昆虫が種類、量ともに豊

見た目にきれいなバイカモ。だがこの流れを攻略するのは難しい

富でそのサイクルもしっかりしています。大雨ですべてが流されてしまうなど、トラウトにとっての悲劇も少ない気がします。

藻の中に潜むトラウトはそこが安全な場所だと知っていて、なかなか出てきません。よく観察していると藻に付いているカディスのケースを捕食していたりします。これでは藻の外に出る必要がないでしょう。

バイカモが繁茂する川をルアーアングラーは敬遠する傾向にあります。確かに水面までバイカモが伸び切ってしまうともうお手上げですが、フックをできるだけシンプルにしてサーフェイスプラグで比較的空いている水面をねらってみましょう。藻に掛からず手返しよく釣りができるだけでストレスフリーだと思います。夕方を待って、藻の中から出てきたトラウトをねらう方法もあるけれど、サーフェイスを軽快にねらうのがよい戦略だと思います。

見た目に美しいバイカモですが、遡行するとなると大変です。だからといって出来るだけ踏みつけたりせずに（ここでも喧嘩してはいけない）釣りをしたいものです。

II

引き出しを増やすために

インターネットの動画を利用する

インターネットには動画があふれています。しかも世界中のあらゆるものがある。よい時代だし、すごい時代だなと正直思います。写真でも伝わるけれど、釣りに関する情報量は圧倒的です。釣り方はもちろん、ラインのノット、魚のさばき方、ルアーの作り方、チューニング等、メーカーはもちろん一般の方の積極的な動画も参考になる時代です。通勤途中、通学途中で見るのを楽しみにしている方も多いでしょう。

初見で釣る楽しさもあるけれど、初めて訪れる国、場所の情報はいくらでもほしいものです。特にあまり行くことのない地域であれば失敗したくないし、よい旅にしたいのは当然のことです。これは国内でも一緒。ただし、どこで魚が釣れる、どの川がいい、どこがよいポイントなんて情報も必要だけど、その川の雰囲気が分かることがとても重要だと思うのです。

日程や時間に余裕がある時は感情の赴くまま、気の向くまま釣りをすればいい。僕もそんな釣りが一番好きだし。でも遠征や、取材で日程がぎゅうぎゅうの時には前情報がとても大事になってくる。遊漁券の購入からエントリーの場所、堰堤の巻ける側、飲食店の情報等。これらをその地域に住む人に聞くのもいいけれど、自分で集めるのも楽しいものです。時には釣具店や役場のHPをのぞいてみるのも貴重な情報を得る元になる。たとえば道路の通行止め情報、落石、クマの出没、観光案内のPR動画が思わぬヒントを与えてくれることもあったりします。

ストリートビューのLIVE感はすさまじい。あのバーチャル感は近未来にしか見えない。九州のある川へ行く時、その川で釣ったという動画をさんざん見て勉強しました。遊漁券販売所、エントリーの場所、底石の質から水質まで、初めて釣るけれど初めての気がしなかった。遊漁券を購入する時、そこの店主が「動画を見て遠方から来るアングラーが増えた」と言っていたのが印象的でした。

今ではSNSでつながった人からさまざまな情報をもらえるから、いいよね。もちろん聞かれることも多くなりました。こちらもいろいろ発信しているからね。ロシアやフランスの個人から直接タックルやシステムについて聞かれることも少なくありません。世界はつながっているんですね。そしてそこは、そんなに遠くないのかもしれないね。

論文から情報、知識を得る

ＷＥＢを彷徨《さまよ》っていると膨大な情報の中にとても有意義な発見があります。その一つが論文。特に水産大学の学生さんが書いた論文はあまり光が当たっていないが面白い。僕もこんな研究をしてみたいものだと思うし、こんなに好きなことに没頭できるのはちょっとうらやましい。

ある意味、ほとんどの人にはどうでもよいことを調べたものが多いのですが、釣り人にとってはとても読み応えがあり、なるほどと感じるもの、釣り雑誌や動画では決して教えてくれない本物の知識がそこにはありました。インターネットが発達したからこそ巡り合えた出会いの一つ。その研究に費やした膨大な時間と労力は大変貴重なものだといえるでしょう。ＷＥＢにあふれた軽い情報とは違うそれらは、時に狂喜するほど濃密な時間を約束してくれます。何百ページもの中に、僕らは知るべきだが普通に生活していればおそらく出会えない情報が満載。釣りに直接プラスになるものは少ないかもしれないけれど、知識として知っておいても損はないです。

時には川に入り、浸り長い時間をかけて地道に研究したその記録は、僕らが表面的な魚釣りに一喜一憂してるのとは比べ物にならないほど崇高なものだと思う。何かを知るためには近づかなくてはならない。膝をつき、手を汚して、水辺に顔を近づけなくてはならない。真実に近づくために。

昨年、秋田のとある渓流を釣っていた時の出来事。この川は僕のお気に入りで毎年訪れている。水は清冽《せいれつ》、イワナとヤマメの混生で釣っていて気持ちのいい川なのだ。その日も魚は順調に釣れて、心穏やかに一日が終わるはずでした。

遠くから金属と岩がぶつかる音が聞こえてくる。明らかに人工的な音。さらに遡行すると、左岸に露出した岩の壁を一心不乱に2人の学生が叩いている。向こうもこちらの存在に気づいたけれど特別驚いた様子はない。静かに話しかけると、この辺りの気候変動の調査をしているという。なんと数万年前のこの地域の気候を知る手掛かりになるそうです。わずか100年足らずしか生きない人間だが、遠くを見る確かなその視線は頼もしい限りに感じられた。

それに比べて、対岸の倒木の下のイワナに四苦八苦している僕の何とちっぽけなこと。少し冷静になって、俯瞰《ふかん》からポイントを攻略してみる。太古から続くDNAを有するイワナを釣る視点が少し高くなった気がしました。

足で距離を稼ぐのか、時間を掛けてじっくりねらうのか

「夏ヤマメは一里一尾」と言う。ならば、「渓流釣りは足で釣れ」といった言葉も今なお重要な金言でしょう。ただ闇雲に歩いてキャストしても意味がないけれど、歩かなければ見えない景色もあるはず。歩くことによってリズムが生まれるし、リズムがよいからテンポよくキャスティングができるものです。

プールをじっくりねらう時は足を止めるが、瀬を連続して撃っていく時は歩きながらリズムよく釣っていくといったように、優秀なトラウトアングラーは歩くのが速い。そして速い人はゆっくり歩くこともできる。僕も最近ではゆっくり歩くようになったと思う。同じ時間をかけて、さらに潜んでいるであろう魚を探すのが好きになった。状況にもよるけれど、たとえば人の気配がする時に浅い流れが続くような渓相であれば時間をかけても仕方ないが、もう少し「深く」釣ってみようかと考える。釣り残しはあるものだ。だって魚は空腹だから。

僕はひたすら歩いて歩いて、汗だくになって道をとぼとぼ歩くのが大好きです。夏だろうが秋だろうが。健康にもいいし、足腰の鍛錬にもなる。

渓流釣りは歩きの釣り。そして歩くことでいろいろなことが見えてくる

通しで釣るとその川の「川となり」が少しは理解できます。川にはその川の核心部が必ずあるのだけれど、そしてそこが最も魚をストックしているのも理解できるのだけれど、釣れない部分も含めてその川の「色」だと思っています。釣ってみるとやはり核心部でよい思いができて、それ以外ではそれなりなんだけれど、プアなポイントの連続でもときどきよい魚が釣れて、それがうれしくて、そんなポイントを延々と釣ってしまう。釣れないポイントをあぶり出

してしまえば、「時間がない時はそこを飛ばしてしまえばいいから」と自分に言い聞かせて。釣れないポイントを知ることは、釣れるポイントを得たのと同じだと思っています。

一つのポイントに時間を掛けることも多い。意外としつこい性格なのかもしれません。そこに魚がいると分かったら100回以上投げることもある。確実に魚がいるならそれはねらうべき。だって次のポイントに魚がいる保証はないでしょ？

だから、いるはずなのに何の反応もない、魚の動きもない、でも絶対魚は入っているはずという確信があれば、納得するまで投げるべき。自分の本能を信じて。そういった状況はシーズンを通して多いものです。ポイントの大小ではなく、アプローチが難しいポイントでは特に。完璧なアプローチ。これで出てこなかったら、もう釣るべき魚はいないと考えるようなねらい方ができたら数投で次のポイントへ移動したほうがいい。でもそんなアプローチは一日投げてもそんなに多くはない。

初見の川での釣りを楽しむ

渓流釣りの楽しさはたくさんあると思います。皆さんそれぞれ魅力を語れるでしょう。楽しさは人それぞれです。その中でもこれは渓流釣りの最も楽しい要素の一つではないかと思っています。

次々と現われるポイントを的確に釣っていく。カーブを曲がればどんな渓相、ポイントが待っているのか。この岩を越えればどんな景色が広がっているのだろう。まるで映画のように次のシーンを想像しながら、川釣りの面白さは、初めての川であれば次々と新しいポイントが現われ、それを攻略していくことだと思うのです。

僕は初めての川を歩く時はいつもわくわくしています。見たことのない、触れたことのない川だからどんな体験が待っているのか。毎週のように同じ川に行くのが苦手で、できればいつも違う川を釣りたいと思っているのです。１００日釣りに行くのであれば１００本の川を釣りたいと思っているのです。きっと常に、そのわくわく感を味わいたいんでしょうね。

一方で、初めてのフィールドを意外に苦手としている人が多い印象です。車を停める場所はあるのか？　遊漁券売り場は？　入渓ポイントは？　魚はいるのか？　情報も不足しがちだから不安でしょう。これは経験が多いほうが柔軟に対応できるかもしれません。

そんな初見の川の釣りで気をつけたいことがいくつかあります。入退渓が容易な川であれば問題ないですが、少し難しい場合はあらかじめ入退渓ポイントを明確にしておきましょう。僕はまず川に降りる時も周りを確認したり、河原に降りたら振り返ってその道を覚えるようにしています。退渓も同地点であれば日が陰って暗くなっても素早く退渓できるようにしたいものです。入退渓についてはメディアでほとんど取り上げられませんが、とても大切なテクニックだと思っています。特に退渓点は確実に確保して安全な釣行を心がけましょう。

また、初めての川では魚がどういう状況なのかは分からないものです。それを探り当てるのは楽しみでもありますが、不安になることもあります。河原の状況はどうでしょう？砂に足跡は？　岩が靴の跡で濡れていませんか？　直前の先行者がいる場合は避けたほうがよいでしょう。そんな痕跡もなく、反応のよい魚がルアーに反応してくれればそれだけで今日はよい一日になりそうです。

こんな体験は確実に自分の引き出しを増やし、戦略を豊富にしてくれるでしょう。

初めての川での出会いは喜びを
何倍にも増幅してくれる

経験の積み重ねでしか得られないもの

「釣りは実戦」と言ったのは『釣りキチ三平』の魚紳さんですが、それは永遠に変わることはないでしょう。釣りはバーチャルではなく現実の世界の出来事です。朝があって昼があって夜が来るのです。晴れの日があり、曇って、雨も降るのです。刻々と過ぎる時間、季節や天候の変化、その中で得るものは貴重です。いくら知識を詰め込んでも、実戦での経験に勝るものはないはずです。それは釣果という結果でもあるし、上手くランディングできなかった魚、あるいは全く徒労に終わった一日だったかもしれません。

プレッシャーのないフィールドでの魚釣りは驚くほど簡単です。とても健康的な時間だし、正直うらやましい。誰にでもたくさん釣れる環境はそれほど多くはないはずですから。けれども大爆釣の日を1回経験するより、あまり釣れない日を2回経験するほうがよい場合だってあります。

いずれにしろフィールドを前にしたらスマホ、タブレットは置いて川と向き合わなければなりません。頼りになるのは自分だけ、自分の本能だけなのです。1冊の本より、1本の動画より、フィールドが多くを教えてくれるでしょう。

どうせ経験するのであればタイプの違った河川、さまざまな季節、時間帯を経験するとよいでしょう。いつも通う川で釣ったのも貴重な経験というウワズミになるけれど、タイプの違う川でのたくさんの成功や失敗は引き出しをより多くしてくれるし、突発的な出来事に対しても対応力が強くなるはずです。そこから自分で導き出した答えでキャッチした1尾は何物にも代え難い。釣らせてもらったというより、自分で釣ったという感覚が強くなるはずです。

僕は一般の方よりは相当長く、さまざまな川で釣りをしてきました。しかしこれも全体からすると微々たるもので実際は何も分かっていないのかもしれません。経験というのはミルフィーユのように薄い皮を重ねていくもの。すぐに花開くことはないかもしれません。それでも小さな経験の積み重ねは数年後、数十年後に大きな実となるはずです。

近い将来どんなにAIが進化して、「あなたの明日行くべき川はコレですよ」と最適な情報を言ってくれるようになったとしても、僕はそこを誰かに委ねたくない。自分の経験と本能で川を探り当て歩き通したいのです。自分で探すことを止めたくない、だってそれが釣りという遊びの楽しさの大きな部分だと思うからです。

経験値がすべてではない

渓流釣りを始めたのが10歳くらいだから45年以上は川を歩いていることになる。さまざまな出来事に遭遇してきたものだと改めて思います。大きな地震もあったし、霊的な現象、死んだアライグマが流れてきたこともあった。川に落下したこと、車のバッテリーが上がって途方に暮れたこと、すべて釣りをしている最中に起こったことです。これらの経験すべてが今の僕を形作っているのは間違いないでしょう。だからといって45年間、絶対的な釣果があったとは思ってないです。

経験は間違いなく重要です。10年釣りをしている人と始めて1週間の人では大きな違いがあります。だからといって始めて1年足らずの人が必ずしも劣るわけではありません。技術的なものはすぐには埋めようがなかったとしても、物事の捉え方、思考にはそれほどの開きがあるとは限らない。たとえば何か別ジャンルの釣りをしていたり、アウトドアスポーツをやっていたとか、武道や書道などで精神的鍛錬した方などは10年までの開きを感じさせなかったり、その差を縮めるのにそれほど時間が掛からないかもしれません。自分を客観的に見ることに長けていたり、理論的に物事を分析できる人も然りです。

自然はいつも同じではなく常に変化しています。過去の経験などが通用しないことも多々あります。全くタイプの異なる川では、その経験が時には邪魔になります。

ずいぶん前、雑誌の取材でバンクーバーに初めてスティールヘッドを釣りに行った時、その頃はミノーイングには自信満々だったのを記憶しています。しかしそれは日本での経験、ＪＡＰＡＮスタイルのミノーイングに魚は完全に沈黙していました。ガイドのスピナーにはバンバンアタックしてくる。ボックスの中はミノーと少量のスプーン。状況を少しずつ理解し始めた僕はスプーンを選択、フォーリングとドリフトで何とか目標のサイズをキャッチ。再撮がないプレッシャーの中での釣りでした。新しいフィールドでは過去の経験は通用しないこともあるという「経験」を得ることができた貴重な時間の連続でした。

年齢が高くなってから始めた人でも楽しめるのが渓流釣りです。どちらかというと大人の遊びなのかもしれません。僕のスクールでも会社をリタイヤした方、子供が成人したので始めたいという方もいらっしゃいます。当然、子供の頃から釣りをしている方に比べると経験は少ないですが、濃密に年齢を重ねてきた方は上達が早い気もします。

釣果は大切ですが、すべてではない。周辺の部分が美しく、楽しいのです。考えながら釣りをすることの大切さ、想像力の重要さ、集中力の必要性、そして本能のまま楽しむのを忘れないことです。

ほかの釣りもやってみる

近年の釣りは非常に専門化、細分化しています。その世界の深みにどっぷりはまり込んでいる人もいるでしょう。それはそれで楽しく充実した時間を過ごせるはずです。

釣りはどんな釣りでも楽しく奥深いものです。日本は3000m級の山脈が通る豊かな水の国。周囲の海も、流氷から珊瑚礁の海まで季節とともに変化に富み、多種の魚を釣ることができる。この国で渓流釣りだけをやっているのはもったいないのかもしれません。トラウトのオフシーズンは海に出てルアーを投げたり、乗合船で旬の魚を釣って食べてみる、あるいは思い切って大もの釣りの世界に踏み出してみるのもいい経験でしょう。

釣り人は自分がしている釣りこそ最高と思いがちです。それは正しいのかもしれませんが、ほかの釣りにも独特の世界があります。僕もすべてとはいえないけれど、淡水から海までエサ釣り、フライフィッシングも経験しました。それらは自分の釣りを豊かにしてくれるはずです。ひょっとしたら自分の釣りがすごく簡単に思えたり、逆に難しく思えたりします。ルールが違うので見える景色も違ってくる。距離感やアプローチも然りです。

ルアーフィッシングは素晴らしい釣りですが、渓流ならエサやフライ、テンカラもやってみるといい経験になるはずです。ほかの釣りの楽しさや難しさに気づくきっかけになるかもしれません。どんな釣りでもすべての状況に対応できるわけではありませんからね。ライズしている魚にはルアーは苦手だし、アユを捕食している時はミノーがいいでしょう。小さなユスリカを捕食している時はフライが効果的です。低温で底に定位している魚はエサのほうが釣りやすいかもしれない。でもハリを飲まれずロに正確にフッキングさせるのは結構難しいものです。テンカラをやってみればルアーとの共通点が見つかるもしれません。小継ぎの渓流ザオは驚くほどコンパクトです。背中に1本忍ばせておけばいつだってルアーロッドとチェンジすることが可能。釣法に優劣を決める必要はないし、自分の好きな釣りを好きな時にすればよいのです。

たとえばフライフィッシングのように、同じフィールドで違う釣りをしてみると、違う景色が見えたり発見があるかもしれない

魚に近づく①　移住するという選択

毎日満員電車に揺られながら（きゅうくつな車内で大好きなYou Tubeを見て）職場に向かうのと、出勤途中にお気に入りのポイントだけを叩いて自分の仕事場へ向かうのは、どちらが豊かな生活なのでしょう。都会に住むのは便利で快適かもしれないけれど、潤いに欠ける傾向にある。自然豊かな街で暮らす人をSNSで見たりすると、自然の厳しさもあるのだろうけれどうらやましいことも多い。人生は釣りだけじゃない？　大きな部分を占めているのではないですか、あなたにとって。

自宅から片道500km先のお気に入りの川。シーズン中に何度かよい思いをした川。でも毎週通うことはできない。この先も魚のほうから近づいてくれる気配はなさそう。

仕事後のイブニングを毎日のように楽しみたくないの？

だったら魚に近づくために川の側に住むという選択もありではないでしょうか。無謀だという人もいるでしょう。でも仕事がある程度自由になるのであれば、川の側に住んで生活を変えるという選択もありかも。じっくり魚と向かい合う、同じ町に住んでいるというアドバンテージ。魚を釣るには絶好の環境。ただ言い訳ができない環境でもあるけれど。

移住は家庭を持っている人にはいろいろ制約があるかもしれないし、やっぱり現実的ではない？ でも山深い山村に移住しなくても、ちょっとした郊外にだってよい川はあるものです。それをカーティス・クリークとして大切にするのも悪くない。僕も20年前に横浜から厚木に（しかもやや山寄り）移住しました。歩ける範囲内にきれいな小川があるし、自然が豊かで気に入っている。車で15分も走ればトラウトが棲む環境になり、身近にそういった環境がある余裕は感じられます。

ルアーのテストに行ったり、オフも川を見に出掛けたりできるクリークがあるのはいいものですよ。

仕事はとても大切だけど、釣り中心の生活を過ごすことも豊かな時間を約束してくれるはず。仕事をリタイヤしたらもっと川の近くに住んでみたい、そう思っている人も多いかもしれない。キャンピングカーで全国を回るのもいいよね。僕は以前、北海道で5年間キャンピングカーで過ごしているという初老の夫婦に会ったことがあります。どんな時間が流れているのだろう。釣りなんていつでもできるから意欲がなくなるのかな？ もっと別の趣味ができるのかもしれない。いつでも釣りができる環境、いつでも側に川がある環境。どんな化学反応が起こってくるのだろう。そのために必要なのは、いろいろと理由をつけて動かない自分を変えるちょっとした勇気かもしれません。

魚に近づく②　釣具メーカーを立ち上げるという選択

いつでも釣りのことを考えていたい、タックルに囲まれていたい、自分の好きなタックルを作りたい。ルアーが頭の中を泳いでいる人。これなら絶対釣れる、いやもっと釣れる、こんなタックルを提案したい。日々抑え切れない思いを抱き悶々《もんもん》と暮らしているあなた、釣具メーカーを立ち上げるという選択もありますよ。

今では有名なメーカーでも始まりは小さな工房だったり、ショップから発展したり、トーナメントプロが必要なタックルを作り上げたものなど多彩です。そういった人たちが現在のルアー釣具界を作っているといってもいいでしょう。自分の腕一本で、自分を信じて物造りをしてきた人たちをリスペクトするのはもちろんです。彼らに共通しているのは相当な熱量があったということ。才能はもちろん必要ですが、「物を作るんだ、形にするんだ」という熱意は絶対に必要です。

来る日も来る日も釣りのことばかり考えるのが許されるわけです。テストと称して毎日釣りに出掛けることも可能でしょう。だからといってリリースされた物が必ずしも市場で受け入れられるわけではありません。市場の評価は時に厳しいこともあります。ただそれは正当なものです。

　市場は日本だけではなく、今はすぐに世界と繋がります。狭い市場を無視して世界へ飛び出すチャンスかもしれません。ルアーやリール、ロッド以外の釣りの周辺パーツも無限にあるし、誰も考えたことがない物を生み出せるかもしれない。釣具以外の、釣りをするシステム、現状の物流や商習慣を劇的に変えられるかもしれない。アプリもあります。SNSだって釣りのツールに近いかもしれない。それをもっと深化させることも可能ではないでしょうか。

　会社は大きい必要はありません。自分の好きなものを作って完結させることだってできるのです。手先が器用な人はハンドメイド製品を作ってもいいかもしれません。あなたの腕一本で、メジャー釣具メーカーと戦える可能性だってあります。ロッドグリップの製作からスタートして、やがて世界的なルアーメーカーに成長した実例もあります。

　もちろん、大きなお金を集めて大きな会社を立ち上げ、たくさんの製品を作って世界を相手に答えを問うのもアリです。資金の調達にしても昔ほど難しくはないでしょう。クラウドファンドでお金を集めるという手段もあります。インターネットで世界と繋がっている今は、素晴らしい作品であれば必ず評価されるはずです。また大きなマーケットではなくスペシャルなもの、あるいはニッチなマーケットで評価されることもあるでしょう。何十万人から支持される必要はなく、数百人だけで成立することもあるでしょう。

自分の好きなこと、好きなものに没頭して物を作れるのは幸せなことです。趣味を仕事にすると大変だと言う人がいるけれど、僕自身の経験上はあまり大変ではなく、楽しいことが多いです。

以前、大学の教授から「趣味というのは、それで食っていけるくらいの領域までいったものだよ」と言われたことを覚えています。あなたの釣りが趣味といえるかどうか、それは分かりません。だけど尽きない熱量がある人は挑戦するべきだと思います、一度きりの人生だから。

並外れた熱意と意思があれば、タックルを生み出す
側に立つことも決して不可能ではない

魚に近づく③　プロアングラーやガイドになるという選択

釣りの腕に自信がある人はプロのアングラーになることも可能です。でもプロアングラーってなんでしょう？　僕が思い描くプロアングラーは、釣りの腕はもちろんですが状況を正確かつ客観的に伝えることができる人。言葉をつなげられる人。文章が書ける人。間違っても自分の釣果を自慢することではないです。釣りを理解してもらいたい、釣りという文化を広めたいと考えている人。

現在はプロアングラーの定義が変わってきたと思います。まず情報を発信できる人。早く、強く。You Tubeで「オレはプロアングラー」と名乗れば今日から立派なプロアングラーでしょう。圧倒的な釣果をSNSで発信すれば注目を浴びて有名になり、その発信力に注目したメーカーがスポンサーになるかもしれません。ただ現在のように動画中心では、腕はもちろん人柄も画面からあふれ出てきます。釣りが好きなのか？　有名になりたい？　自分に酔っている？　どんなに隠そうとしても。逆にどんなに繕《つくろ》ってもにじみ出てしまうものもありそうです。

たまにプロアングラーになりたいという相談を受けるのですが、まず必要なのは教養、

優れたガイドと過ごす一日は、一人の釣りでは
得られない別の素晴らしさがある

知性、知識、語学力。これからプロを目差す人は、語学は必須でしょう。魚に対する科学的な知識も。僕はテレビや雑誌で西山徹氏を見て育ったので、プロアングラーというのはこういう人のことだと思っています。西山氏以後、釣りは細分化され、より専門的になっていきました。それは時代の流れなのでしょうけれど、総合的な見識を持つアングラーはぐっと減った気がします。自分の好きな釣りだけではなく、さまざまな釣りに対する造詣《ぞうけい》を持ってもらいたいものです。

釣りが好きで腕に自信があればガイドになることも可能でしょう。日本でも少ないながら生計を立てている方もいらっしゃるみたいです。接客ができ、相手を喜ばせることが好きな人は向いているかもしれません。僕も海外でガイドと一緒に釣りをしたことがありますが、ガイドの人柄一つでその日が素晴らしくなることを知っています。釣れる・釣れないも重要ですが、貴重な今日の釣りを楽しく演出してくれるかどうか。フィールドでの一杯のコーヒーが忘れられない味になることもあるのです。

外国語が得意であれば海外へ日本人を案内するのもいいでしょう。あるいはインバウンドに日本のフィールドを案内してみるとか。日本の自然、文化を紹介できるまたとない機会かもしれません。何事も否定せずに前向きに考える必要があるでしょう。誰もやっていないのであれば、自分がなればいいのです。

III

タックル考

「これでしか釣れないルアー」は存在しない

市場にあるルアーのほとんどは釣れることが保証されています。もちろん個性があってその人に合う・合わないはあるでしょうけれど。

だいぶ昔の話ですが新潟の銀山湖で釣りをしていて、湖岸にボートを係留して昼食をとっていると、地元でボート屋をやっている人が来て僕らにこう言いました。

「いいことを教えてやろうか。ここのイワナはミノーを食わないんだよ‼」

僕らはあっけにとられつつもしばらく談笑して別れました。ミノーで釣れた生け簀《す》に入っているイワナを見られないように。その日はミノーイングで良型のイワナがたくさん釣れていて、これをどう説明しても理解してもらえるとは思えなかったから。

現場で生活している人でさえそんなことがある。つまり人間はとても固定観念にとらわれやすい生き物です。自分の成功体験でしか物事を計っていない可能性がある。そして、それは僕にも当てはまるということです。今やっている、釣っていることもやがて古くなり否定されるかもしれない。これがすべてではなく柔軟に考える必要がある。自分がやっていることが必ず正しいとは限らない。観念的にならないことが大切です。

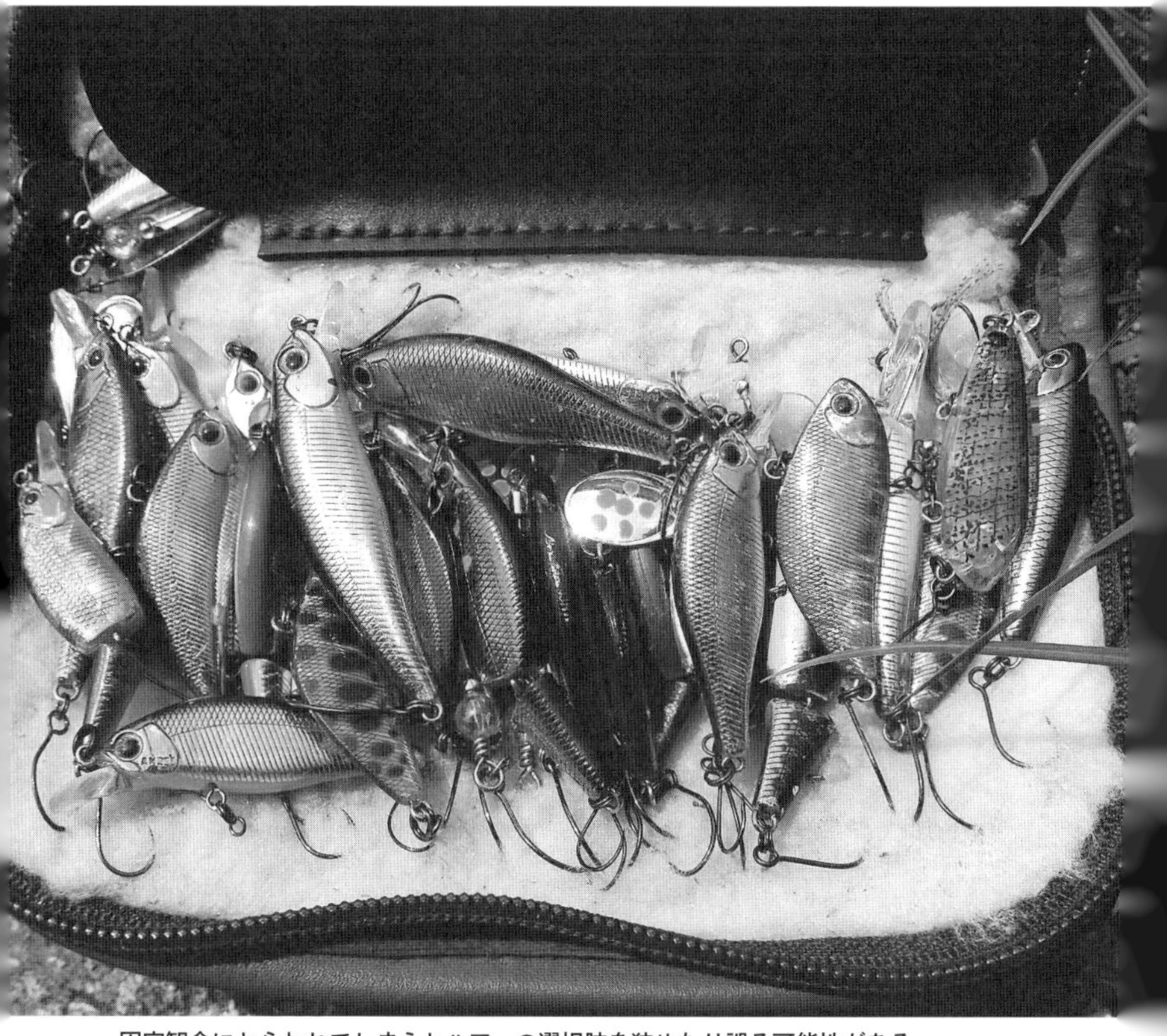

固定観念にとらわれてしまうとルアーの選択肢を狭めたり誤る可能性がある

アングラーには必ず特別なルアーがあって、それが絶対的な人もいるでしょう。「これで釣れなきゃ釣れない」的なルアーも、どこかにあるのかもしれませんね。

僕は一日中同じルアーを使うことがよくあります。そのルアーで釣ることの意味が僕にあるからです。魚はそのルアーを投げていれば飽きることなく釣れてくれます。他のルアーでも釣れるのでしょうけれど、そのルアーが一番マッチしているのです、今には。

川のサイズ、ポイントの大きさ、水深、水質、フックからルアーを選ぶこともあります。でものそのルアーだっていつも釣れるわけではないでしょう。

ただし特定の川・時期・タイミングで最も効果を発揮するルアーは存在します。なぜならそのルアーは、そのタイミングに合わせて設計されたものだからです。ルアーとは本来そうやって作られてきたものだし、アングラーもそのようにセレクトして使うべきものなのです。

時には最短、最速で釣れるルアーを目差して開発することもあります。だから、簡単に釣れるルアーは存在するのかもしれない。でも、意外に釣りとしては面白くないかもしれませんよ。

パイロットルアー・パイロットカラー

背中のカラーに特にこだわりはないです。ボディーベースの反射をパール、ホロ（シルバー&ゴールド）、マット系を季節、状況に合わせてセレクトします。水中での視認性は背中のカラーを見るというより、ルアーが動いた時のボディーの反射で確認しています。視認性という面では、キャストして飛んでいくルアーが見やすいカラーをセレクトすることは多いです。単純に派手というより、背景に溶け込まないようなカラーが好きですね。

魚がセレクティブになっている状況、極端に偏食している時は、捕食している、あるいは捕食しようとしているベイトのカラーと質感、反射を魚は記憶している傾向が強いと感じます。ただし、ルアーのカラーより流し方のほうが大切だと思います。

ルアーフィッシングの場合、大型のベイトが動く季節が重要でしょう。アユが遡上してくる、ハヤ等他の魚の産卵、テレストリアルの季節などです。それと降水や放水で濁りが入る状況では明確なシルエットを認識させるカラーがよいと思います。ルアーは基本的にはリアクションの釣りなのですが、偏食的になった魚をより騙《だま》しやすくするには一部分を近づけたほうが確率は上がるのです。

フィールドに持っていくルアーは季節ごとに入れ替えていますが、反射の異なるものをいろいろセレクトします。マット系のルアーがない時は使い込んで表面の艶《つや》がなくなったものを必ず入れるとか。

パイロットルアーということであれば、「AX-50HW」のストリームシャッドというカラーがそれにあたると思います。初めて訪れる川でどんな状況か分からない時にはストリームシャッドをセレクトします。これはバスルアーでいうテネシーシャッドというルアーのイメージです。大昔にバスプロの人に教えてもらって、なるほどと思ったものです。シルバーベースでゴールドも入っていてお腹はオレンジが塗ってある。川がどんな状況でも魚に反応させせる力があると思います。

フラットサイドのミノーを水中で動かすと輝きを放ちますが、魚も反転した時に輝きを放ちます。ヤマメはシルバー地、イワナはゴールド地のボディーで輝きを放っています。シルバーベースのルアーだとヤマメの反転と同化する可能性があって見づらいし、ゴールドベースのイワナも同じです。ストリームシャッドはそのどちらの魚が反転しても見分けやすいカラーなのです。

サーチルアーとして重宝するのは「AX-43HW」。これは「AX-50HW」よりも回頭性が高いので短距離でのターンが得意で、小さなポイントでもアピールが可能。「AX-43HW」

サーチルアーとして重宝しているパームス・アレキサンドラ AX-43HW/
ストリームシャッド（テイルはシングルフックをセット）

はどうしても釣りたい、手返しよく釣り上がり、テイルフックにフッキングさせたい時に。重要なのはあくまでもテイルフックなのです。だからトラブルを避けてベリーフックはあえて外す仕様にする。釣るというより短時間で探しだすという意味あいが強いルアーです。「だったらすべてこのルアーでいいじゃないの？」。そんな声も聞こえてきそうですが、釣りは釣れればいいというものではないこともあるのです。

フックの重要性

釣りは最終的には魚の口にフックを掛ける（そして取り込む）のが目的、これは太古から変わっていません。日本は世界一の釣りバリ大国。これだけ多品種のフックを揃えている国はほかに例を見ない。1魚種に対しても異なった釣り方でフックが違うし、ハリこそは日本の釣り文化の極みといっていいでしょう。

僕らが釣りを始めた頃ルアーに付いていた大味なフックは今ではなくなり、どれもシャープなフックが装着されています。トラウトシングルのバリエーションはそれほど多くはないけれど、どのメーカーでもクオリティーは非常に高い。僕はシングル派ですが、ここにたどり着いたのはキャスト時に引っ掛からないことの重要性がより増した結果だと思います。シングルのよさは、フックポイントは1ヵ所しかないがそのぶん力は集中するので、軽い力でフッキングしやすいこと。

バーブレスの弱点は単にバレやすいということではなく、力を入れすぎると魚の身が切れて逆にフッキングしないことでしょう。だから強いフッキングは逆効果。またたとえば春になると伸びてくるアシは、バーブレスだと簡単に貫通して外れないことも多い。柔ら

シングルフック各種。バーブレスのほか、バーブの役割を果たす特殊な形状の製品も見られる

かい新芽時はなおさらで、こんな時にアシ際をねらうのはリスキーですが、僕はアシに掛かっても外れやすいように小さなバーブ付きシングルでねらうことにしています。外した直後にバイトする可能性も高いから。

新緑の頃は岸際にキャストする時に川岸から伸びた木の枝の葉が厄介で、ルアーに干渉することもしばしば。この時は葉っぱを切り裂いてくれるバーブレスが有利です。

フックを交換するタイミングは難しいものですが、よほどのアクシデント以外は2〜3時間ごとにするのがいいかもしれません。フックはとても奥が深い。

フックのレギュレーションが決まっているフィールドでは、まずそれに従わなければなりません。それ以外はアングラーの自由。判断は釣り人に委ねられています。掛かるのを優先するのか、バレを防ぐカエシを優先するのか？　僕の場合、口の中にフッキングしたいので自ずとシングルという選択になっています。シングルフックのメリットはいろいろです。ワレットへの出し入れがしやすい。リリースもしやすい。

バレるからトリプルフックを使う。ある意味正しいかもしれません。しかし、すべては掛かることから始まり、掛けることがまず優先されるのです。掛かることを優先するのであればシングルフックが一番なのは明白です。

シングルフックのすすめ——使用を迷っている人へ

僕がシングルを使う理由はいろいろです。魚へのダメージが軽減される／スナッグレス効果があり根掛かりが減少／ネットに絡むことが少ない（特にクレモナ製ネット）／フッキング性能が高い／安全性（自分をフッキングしてしまうことの少なさ）／ワレットからの脱着性のよさ。一度シングルを使ってしまうと、トリプルに戻すのをためらうものです。根掛かりの少なさ、ネットインしてからのスムーズさ、安全性を体験してしまうと、これが進むべき道なのではないかと思われてしまうのです。

トリプルフックは、ポイントが3つあるからといって単純に3倍のフッキング率があるわけではありません。触るだけなら3倍の可能性はあるけれど、フッキングとは別の話。僕は取材でも積極的にシングル・バーブレスを使います。利点はフッキング性能。取材ではシビアな状況での1尾が成否を分けることが多く、その1尾で誌面の構成が違ってくるので本当に重要です。カエシのないフックはバラシのリスクは確かにあるのですが、フッキング性能は最高です。バレるからカエシ付きを使うのではなく、刺さりやすいからシングル・バーブレスを使う。シビアな状況ではその性能が遺憾なく発揮されます。理想はネ

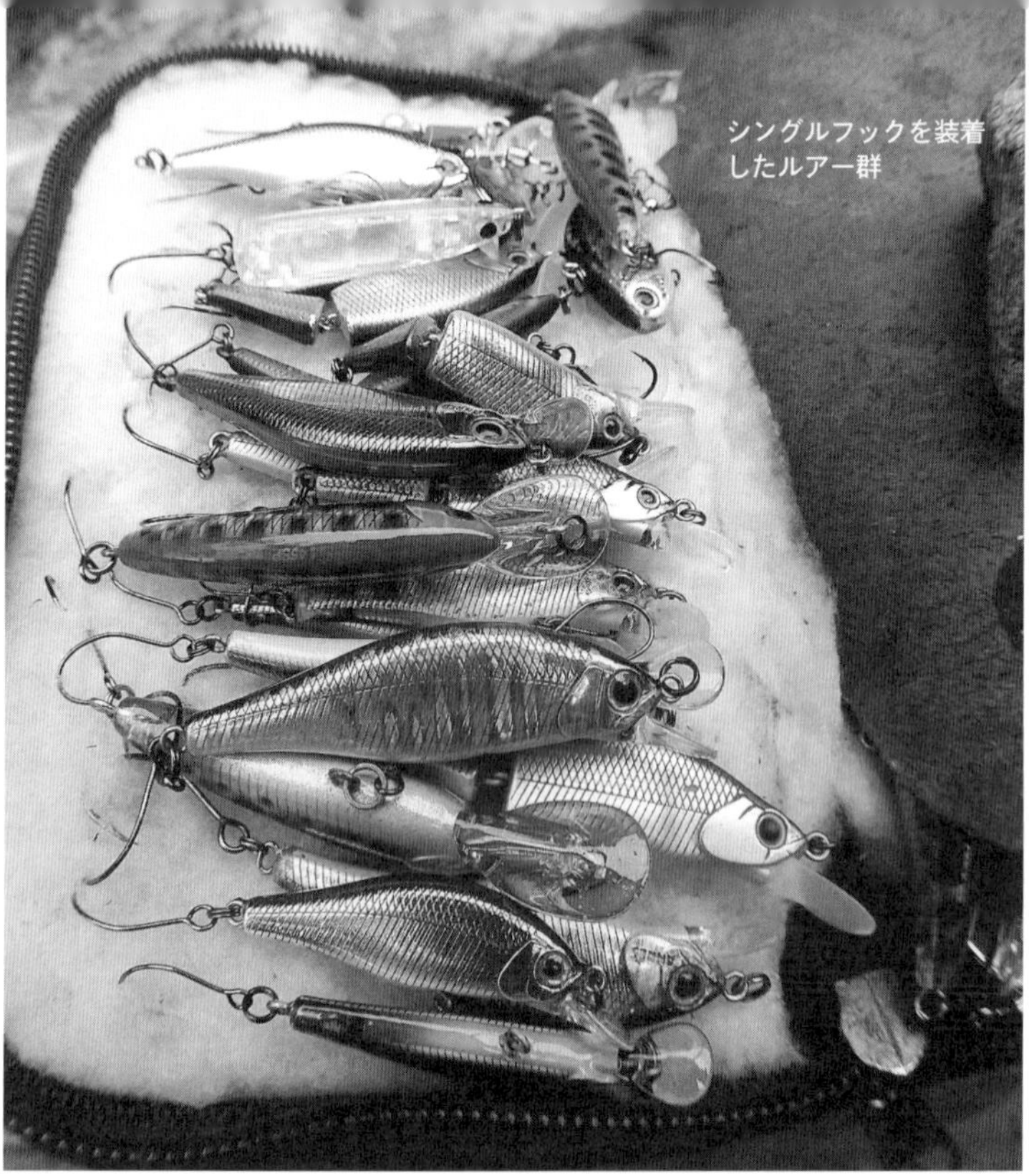

シングルフックを装着したルアー群

ットインと同時にルアーが外れることです。

シングル・バーブレスに抵抗がある人、バラシのリスクが心配な人は、バーブ付きシングルがおすすめです。その軽快感を体感するときっと戻れなくなるはず。

ヘラブナ釣りの友人に、バレるからバーブ付きのフックを使う話をすると笑われます。

「果物をフォークで刺す時、カエシはないでしょ？　外れやすいからとバーブ付きのフォークは使わないはず。そのほうが刺しやすくて食べやすいから」

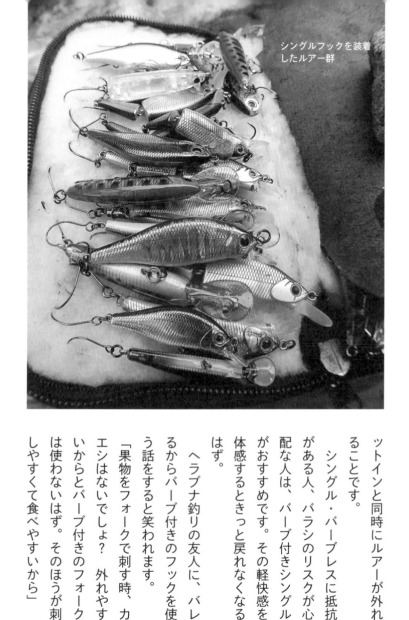

リーダーはナイロン8lb

渓流でのリーダーの考え方はソルトやサクラマスとやや違っていると思います。僕は以前はナイロンをメインラインに使っていましたが、現在はＰＥラインが中心になっています。ＰＥの利点が欠点を完全に上回っていると思います。ＰＥの最大の弱点は擦《こす》れに弱いことです。渓流では特に岩、石に接触することが多く、また頻繁に対岸の草木の際にキャストしなければならないので必然的に劣化のリスクにさらされます。

それを最小限に抑えるのがリーダーの役割です。オープンウオーターでそういったリスクがなければリーダーは短くていいし（最短で60㎝）、小さな渓流でも大型のトラウトに引きずり回されることが想定されるのであれば2ｍ近くになるわけです。このあたりはソルトと同じような考え方ですね。

メインラインはＰＥ0・6号、リーダーはナイロンの8lbです。日本の渓流ではすべてこのシステムで行なっています。8lbは相当の安全マージンがある太さだと思います。サクラマスとだって対峙することも可能でしょう。素材はナイロンの柔軟性が好きです。フロロでもいいのですが、低水温が多い渓流域ではやや硬くなる印象があります。クセが戻りにくいので細いほうが使いやすいけれど、それでは強度がやや不安。

60㎝のリーダーを見せると大体の人は短いと言いますね。短いことのメリットは？ タラシを長くすればメインラインと結束部分がガイドに干渉することが少なくなる。そのぶんスムーズなキャストができ、リズムがよくなる。リーダーが長いほうがメリットが大きいと考えがちですが、長いほうが釣れるわけではありません。

逆に、小渓流で50㎝以上のマスと対峙する時はフットワークのよい足回りと、先述したとおり長いリーダーが欠かせません。

ガイド径が小さめなのもトラウトロッドの特徴です。ここでノットの問題も出てくる。できるだけ小さなノットでガイドとの干渉を最小限にしたいものです。リーダーが極端に短ければガイドとの干渉は減りますが、普通の長さであればある程度は覚悟しなければなりません。小さなノットは飛距離やコントロールにも大きな影響を与えます。

リーダーを頻繁に交換する可能性があるのも渓流の特徴です。もちろん一日で数回しか交換しないフィールドもあります。反対に一日中リーダーを結んでいる日もあるのです。対岸に枝が繁茂する、あるいはクモの巣が多いような時はメインラインの劣化も顕著です。へたをすれば30ｍも歩いたら交換しなければならないフィールドも多いものです。そんな時でもスムーズに劣化部分を削除して新しいリーダーと交換する作業は、もちろん手短か

僕の場合日本の渓流ではリーダーはナイロン 8lb ですべて通している

にできるほうがいいのです。できれば立ったまま目を閉じていてもできるレベルだとありがたい。

ノットはできるだけ強く、小さくするのがベスト。この分野ではソルトアングラーに学ぶことが多い気がします。

ウエーダーは高価な消耗品、ウエーディングシューズは車のタイヤと同じ

アングラーズハウスのゴアテックスウエーダーを初めて履いた時の衝撃は今でも忘れられません。現在はほかにもよい透湿性防水素材のウエーダーがあるようです。このアイテムの進化はすごく、それ以前の時代にラテックス製の驚くほど蒸れるチェストハイを履いていた自分からすると、どれも素晴らしい製品に見えてしまいます。

とはいえウエーダーは高価な消耗品で、安全性、快適性に直結する重要なアイテムなので慎重に選びたいものです。透湿性能、軽さ、耐針性、摩耗への強さ、耐紫外線など、ウエーダーに求められるハードルは高い。水の中に入るのに中が濡れても蒸れてもいけない。運動性能も高く、なるべく安価で。アングラーの欲求には際限がありません。いずれにしても高温多湿の日本で快適に釣りをするためには、特にベンチレーション機能が優れたウエーダーは必須のアイテムといえるでしょう。

ゲーターなどの親水性の足回りは真夏の一時期は快適ですが、水温が低ければ3シーズン、ウエーダーで過ごすことも珍しくない。同じロッドを2本持つ必要は感じられないが、同じウエーダーは2本あってもいいかなと思います。それもできれば高機能のものがほし

フィールドへのアプローチの長短、地面の状態、川床の形質、ウエーディングの程度、ヤブこぎの有無など、さまざまな要素を勘案して最適なウエーダーとウエーディングシューズ＆ソールを選びたい

い。現在はある程度の価格なら、どれを選んでも高機能の製品を得られるでしょう。

ウエーディングシューズは車でいえばタイヤにあたります。常に水に浸かり、石に当たり、摩耗する。滑る場所でのグリップを求められ、足を保護するなど安全性に直結する大切なアイテムだが消耗は激しい。脱着しやすさ、水抜けのよさ、砂が入りにくい構造、それでいてカッコよく。もちろん歩きやすさ、軽さはシューズを選ぶうえで重要です。

シューズの傷みをなるべく回避したければ同じものを複数用意したほうがいいし、経済的でしょう。僕の場合1足では1シーズン持たないので2〜4足必要。フェルトを張り替えに出すことも多いのでそのほうが無駄がありません。ソールも川に合わせて使い分けたい。基本的にはフェルトとラバーでしょうか。高低差の激しい山岳渓流ではシューズ全体が軽量で、曲がるほうがいい。あまり水に浸かることがなく乾いた石の上を行くのならラバーソールのほうがいいかもしれません。ラバーのよさは水を含まないので常に軽量であること。高巻、護岸を登る、アスファルト舗装を歩く時間が長ければおすすめです。

通常はフェルトが万能（最初の1足もフェルトが無難）でしょう。僕は自分の歩くクセやフィールドの特徴によって「この部分に必要であろう」と思う部分にピンを打って釣りに出掛けます。ピンの本数は慣れるまでは1本ずつ増やしていくのが確実で、素材は柔らかいほうが食い込みはいいが摩耗は速い。ステンレス製が使い勝手はよいように思います。

IV

フィールドでのテクニック

アングラーの数だけキャスティングフォームがあっていい

いろいろな方と釣りに行く機会があるのですが、キャスティングフォームは実に多彩だなと思います。人間、姿勢も歩き方も人それぞれですから、キャスティングフォームも一つとして同じになるわけがありません。グリップ、姿勢から振りかぶり方、ロッドの扱い方も。遠くからでも誰だか分かる超個性的なフォームの方もいます。

身長、体格、腕力も一人一人違うので自分のストロングポイントを見極めるのも大切です。フォアハンド・キャストが不得意でもバックハンドが絶妙な人、サイドが一番パワーを発揮する人、近距離のフリップキャストが得意な人、ロッドの風切り音がすごい人。グリップも個性が出ます。手の大きさ、指の長さによってスプールまでの距離も違います。リールの保持も中指の人もいれば薬指の人もいるわけです。ルアーのタラシの長さもさまざまで、ロッドのパワーやルアーウエイトによって微妙に変化させればよいのです。

他人のキャスティングを見るのも大切ですし、動画でよいものは真似ることは必要ですが、自分の個性も大切にしたい。とにかく一日振るわけですから疲れないようにしなければいけません。腕や肘、肩にダメージが残るようでは正しいとはいえないでしょう。

キャスティングはその人の個性が生きるフォームであることが大切

プロ野球のピッチャーやバッターのフォームはじつに個性的です。誰一人として同じフォームの人はいないのです。しかし理論的にはみんなが正しくて、だけど個性が際立っている。ルアーのキャスティングも似ていると思います。誰でも得意なキャスティング位置があり、そのフォームばかり使ってしまいがちですが、それでもよいのではと考えます。

スクールでも僕はフォームの矯正には全く興味がありません。自分が最も遠投しやすいフォーム、近距離がやりやすいフォーム、パワーを入やすいフォームがそれぞれあるはずだからです。アングラーの数だけ正解があるのです。ポイントにスムーズにルアーを運べればそれでいいのです。

ベイトに合わせてキャストスピードをコントロールする

トラウトは空中のベイトを見ているのでルアーのキャストスピード、プレゼンテーション、カラーセレクトはとても重要です。闇雲に投げるのではなく、その時にメインとなるベイトをイメージしたキャストを心がけたい。特に魚を動かすようなエサの出現には普段から気をつけたいものです。

・**春**　解禁当初は飛翔能力に乏しい水生昆虫が主食。水温が上がる時間帯以外は表層への意識は乏しい気がする。それほど気にせず自分がコントロールしやすいキャスティングに集中したほうがいいでしょう。

・**初夏**　アユの遡上が始まったり稚魚が放流されると川は活気に満ちてくる。水温もマス族の適水温に近づき食性は全開になり始めます。水中の動きの速い魚を追うので水面への意識は低下し、水面へのラフなプレゼンテーションも許される時期。本当の意味でミノーイングがフィットする季節なのでできるだけ遠投したいが、水面を走る風が強くなる季節でもあり、ハイスピードのキャストを心がけたい。何よりもラインにドラグを掛けたくないので、立ち位置はもちろんだがキャスティングスピードを上げて対処しましょう。

・ヒゲナガ（ヒゲナガカワトビケラ）の季節　おそらく最も行動的な水生昆虫の一つで魚の捕食パターンを大きく変化させるベイト。そのサイズはルアーで表現できるほど大きく、ボリューミー。栄養価も高く魚にとっては重要なベイトだと思われます。水中で羽化した時から捕食の対象であり、さらに成虫になって産卵時にも魚にねらわれる可能性は高い。割と汚水にも強いので富栄養化が進んだ川、いわゆる本流域にも多く生息する傾向にあり、本流に生息する渓流魚の格好のベイトとなっています。

水生昆虫の羽化の特徴はある一時期、時間帯に集中することで、ヒゲナガの場合は夕方から朝方に羽化、行動する傾向があります。成虫の飛翔速度は速いのでそれを意識し、できるだけ低空でルアーを飛ばしたい。ルアーを放出した瞬間からが勝負です。

・テレストリアルの季節　テレストリアルが飛び交う季節はあまり速いスピードはかえって不自然になる場合があります。バッタは陸生昆虫の代表的なものです。夏になれば川岸に大量に発生し、川面を行き交う姿が見られます。バッタ類は飛翔能力はそれほど高くありません。これらがメインベイトの時はルアースピードを上げるのは不自然だし、警戒心を与えるだけです。できるだけそのスピードに忠実にする必要があります。

木々から落下するワーム類も極めて重要なエサの一つです。特に急な雨の後は耐え切れず水面へ落下し流される姿をよく見ます。これらの落下は目立たずとても静かです。ルアーは草木等に当ててから水面に落下させるテクニックが必要になってきます。対岸のアシの葉に当てて落とす、葉や苔にフックを引っ掛けてから落下させる。こういったテクニックを駆使して「状態」を表現したいものです。

最速の昆虫はトンボの類いです。夏から秋に出るトンボの飛翔能力は極めて高く、低空から木々の高さまで完全に制空権を握っています。生息密度も高いので魚も注目していますからハイスピードのルアーが必要な季節でもあります。

パームス・サブリームはヒゲナガカワトビケラの成虫を意識したサーフェイス～サブサーフェイス攻略用のルアー

トビケラの大型種はルアーでもイミテートが利く。魚にとっても重要なベイトだ

リリースポイントの「死角」をなくせ

川を歩いていると平地ほど思ったようにはキャストできない時も多い。障害物も常にあります。また誰でも自分の得意な「型」を持っていてそこでキャストしたいと思うものですが、右岸、左岸と場所を変えながら目まぐるしくポイントが変化する渓流釣りではそれを許してくれません。

渓流ルアーのキャスティングの難しさは、水面の高さが常に変化することにあります。足裏と同位置の場合もあるし、目線と同位置の場合もある。これだけでもアンダーハンドキャストとオーバーヘッドキャストが必要になってくるうえに、多彩なリリース位置が求められるわけです。ルアーをリリースするポイントはオーバーヘッドキャストが最も高く地上高3ｍくらい、最も低いのは地面スレスレからルアーを放出する場合。左右は2ｍずつがＭＡＸでしょう。自分を中心とした円の中すべてからルアーをリリースできるのが理想的ですが、目線から外れたリリースポイントではアキュラシー精度は落ちるので、できるだけ近いところでリリースしたい。しかしパワーを伝えるにはロッドを曲げたほうがいいわけで、自分の軸から離れた位置でリリースするほうがパワー出力は高い。そのあたりのバランスをとりながらキャストするのがこの釣りの醍醐味でもあります。

　利き腕の左右どちらかが苦手という場合には、できるだけ普段の釣りの中で意識して練習するように心がけたいものです。たとえば右利きでバックハンドが苦手な人は川の左岸を意識して遡行してみる。すると自分の左側にスペースが広い場合が多くなり、バックハンドキャストのほうが自由度が高く出番も増える。それを半日も繰り返しやっていれば相当上達するはずです。フィールドの中で習得した技術は肉付きのよいものとなるでしょう。キャスティングとはロッドを曲げることです。瞬間的なパワー入力によって短時間でスムーズに曲げたロッドの反発力でルアーが飛んでいきます。遠投を中心にしたゲームではこれが最も重要ですが、ショートからミディアムレンジが中心の渓流釣りのキャストでは、遠心力も加えてコンパクトなキャストを心がけたい。フィールドでは身体を大きく動かすことは魚に警戒心を与え、音を発生させる可能性もあります。特に高い位置での動きはできるだけ避けたほうがいいでしょう。低い位置からのリリースが推奨される理由はここにもあるのです。

　もっとも難しいキャストは自分の正面から強いキャストをすることでしょう。これは屋内や狭い場所での練習も可能なので日頃から意識して精度を高めたい。そうすればどんな状況でもルアーをプレゼンテーションすることができます。オーバー、サイド、バックハンド、フリップ等を駆使して自分が得意な型、多彩なリリースポイントを得ることはとても大切で、これからの釣りを豊かにしてくれます。

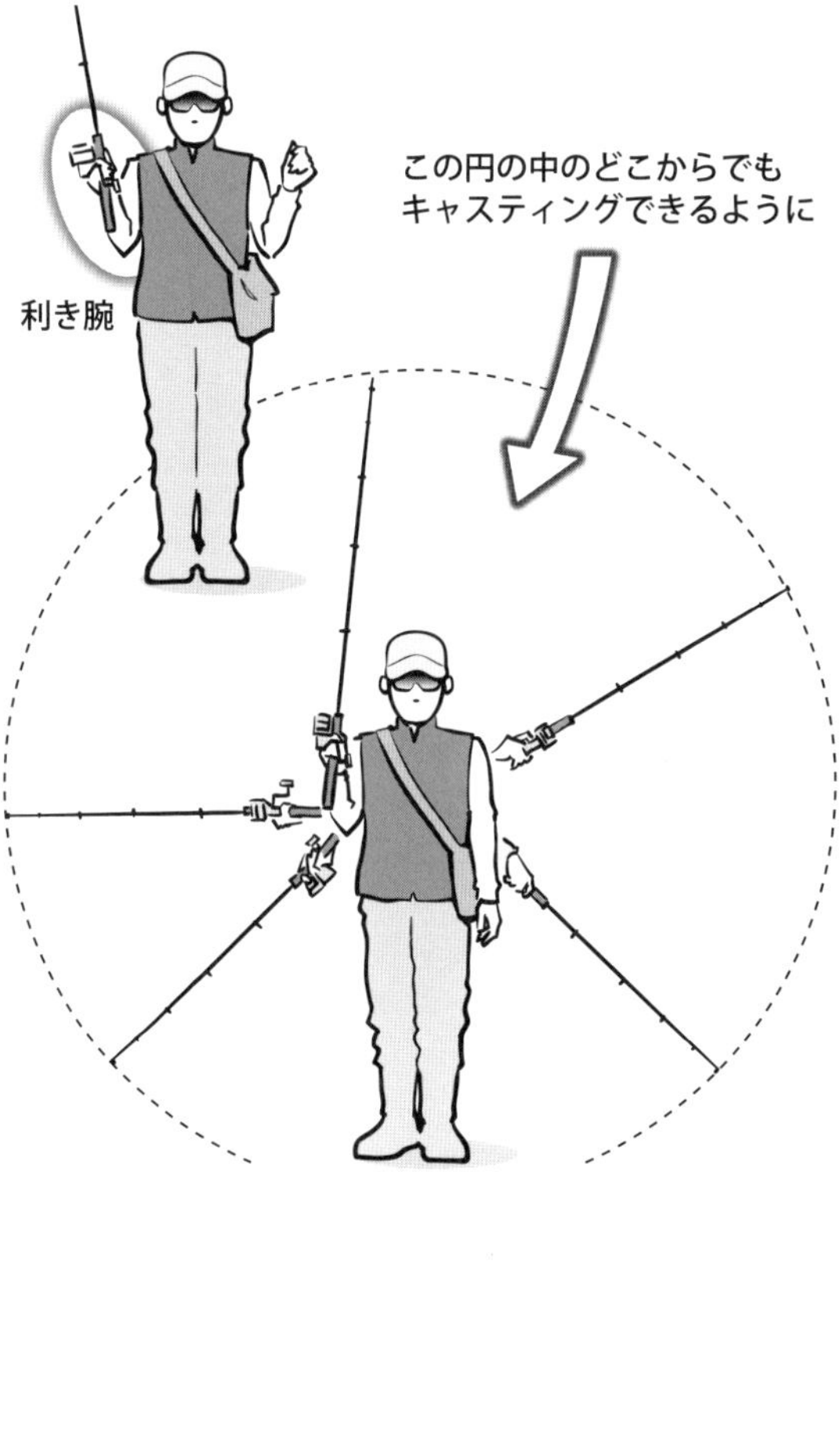
利き腕
この円の中のどこからでも
キャスティングできるように

空中でのルアーの見え方

水中でのルアーの視認性は多くの人が神経質になる。アカキンがいいとか、ピンクバックが見やすいとか。でも飛行している時の見やすさはどうだろう？　ポイントをねらってキャスト、ほぼすべてを目で追ってコントロールしている。距離感、ルアーの飛行姿勢、スピード等。ポイントへ正確に落とすためには空中での視認性は重要になってきます。

僕の場合、単に派手なカラーというわけではなく、水面との対比によって見やすいカラーをセレクトしている。同じカラーでも天候や時間帯によって視認性は違ってくるし、日なた、日陰によっても微妙に変化します。立ち位置は日なたでポイントは日陰で、暗い時にはそのポイントでコントロールしやすいカラーを選びたい。

しかしまずは空中で完璧にコントロールして最良の位置に着水させる、優先順位はこちらが上なのだ。そのためには単にカラーで解決できる問題でもなく、キャストでのルアーのスムーズな加速がとても大切になってきます。ルアーが安定した飛行姿勢だということは、こちらからも見やすくコントロールが容易です。またルアーは後方からブレることなく一直線に飛ぶことが理想で、ルアーが回転すると飛距離が落ちるだけではなくコントロールもしづらい。それでもルアーは動きながらポイントへと向かっていく、その時は背中の色のほかにボディー横の視認性も重要になってきます。

渓流釣りは自分と太陽の位置が目まぐるしく変わり、どのカラーが見やすいとは言いづらいのですが、その中でもその日の水色、空気感などで非常にコントロールしやすいカラーは存在します。もうこれは感覚でしかないのかもしれませんが黒系が見やすいことも多々あります。石が全体的に白っぽく水色が極めてクリアな場合、空中の黒系のルアーはコントロールしやすい。この場合は水中に入った時にも視認性は高いことが多い。マットフィニッシュがよい時もあります。光が乏しい時はマットがなぜかボーッと浮き上がるような感じになります。

山梨県に尾白川という川があるのです。もう何十年も前ですが、初めて訪れた時はその水質に驚かされました。飛んでいくルアーに対して魚の警戒心がすさまじく、なかなか難しい一日だったことを記憶しています。特に驚いたのがチャート系ルアーが全く見えないことでした。もちろん空中でも水中でも。結局、黒のアレキサンドラがよかったのですが、その後は全空間で視認性の優れたカラーを念頭に置くようになりました。

飛んでいる時に視認性が優れたルアーが釣れるカラーとは限りませんが、その両方を備えたカラーがあるといいよね。

キャスティング精度を長時間保つために

キャスティング精度を高めるのはそれほど難しいことはありません。近距離から根気よく練習していけば上達に多くの時間をかけることはないでしょう。でも練習での難易度と、現場で、魚を見て興奮してという状況では違ってくるものです。どんな状況でも高精度のキャスティングができるならこれほどの強みはないでしょう。しかし、常に100%の精度でキャスティングしていては一日の集中力が保てません。後半はキャスティングが乱れることがよくあります。

渓流で長時間集中力を保ちつつ高い精度を実現するには、大きく分けて2種類のキャストがあります。完全に足を止めてキャストする場合と、ある程度歩きながら撃っていく方法です。前者は足場が安定しているので体幹がしっかりしていれば相当高精度のキャスティングが可能です。後者は時間を有効に使いながら長い距離を効率よく釣っていく方法。ほぼ歩きながら（動きながら）なので、より難易度は高いといえるでしょう。

・本当にピンスポットをねらい撃ちする方法

ほんのわずかに空いた空間を通してその向こう側にルアーを着水させる。対岸の際ぎりぎりに静かに着水させる。ねらったポイントに確実に入れること（一投必殺のイメージ）。

ファーストキャストは決してミスできない。足場をしっかり固めることが大切。

キャスティング精度を高める２つのキャスト

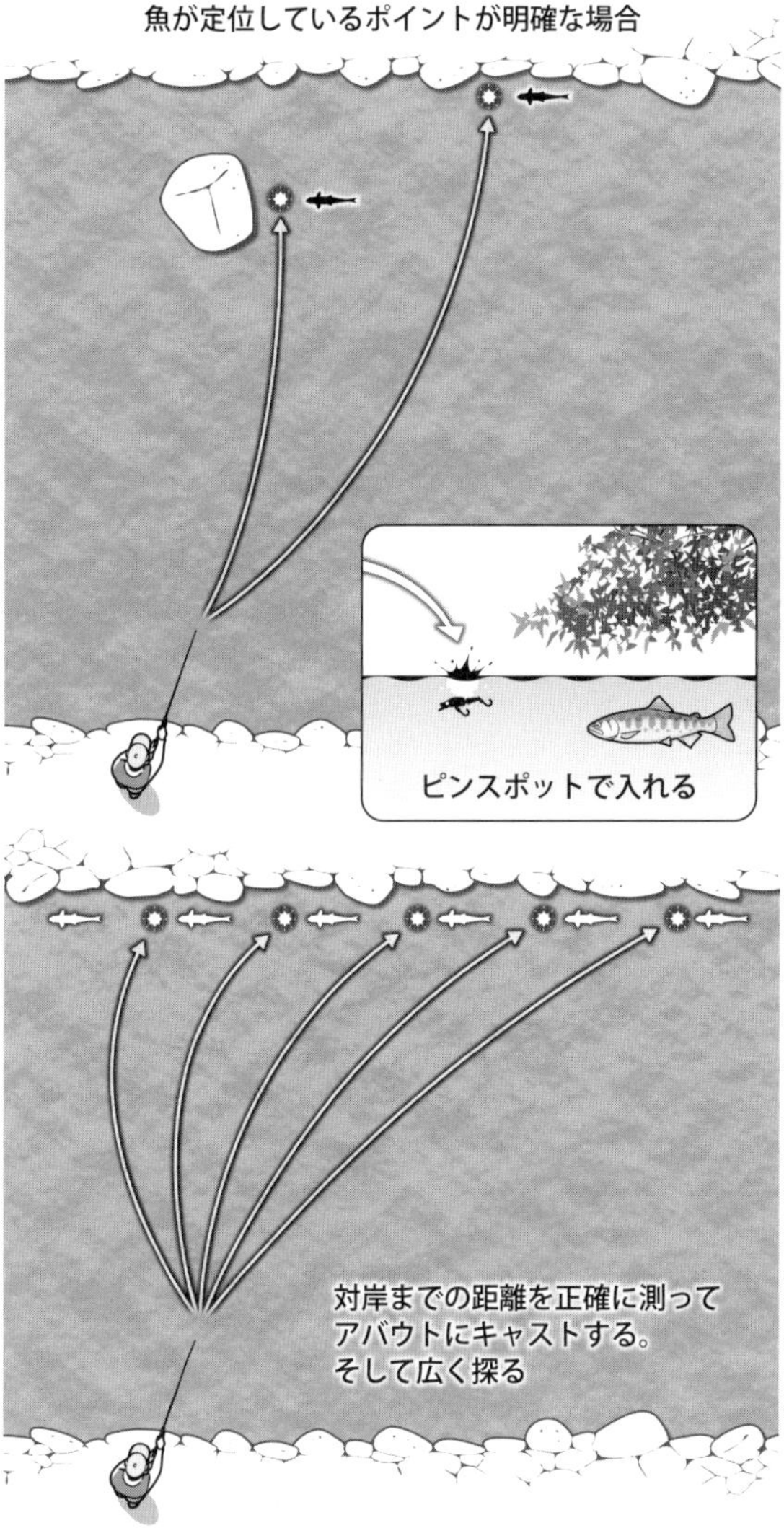

魚が定位しているポイントが明確な場合
対岸までの距離を正確に測って
そして広く探る

・歩きながら精度の高いキャスティングをする方法

限られた時間の中でできるだけ長い距離を釣り上がり、多くのポイントを撃つためには足を止めないことが有効。大体の位置に投げて（距離感だけはしっかりと）、最後はフェザーリングとロッド操作によって着水地点を調整する。これが歩きながら精度を高めるには最も効率的でしょう。時間が限られる取材時にはよく使うやり方で、DVD等で観ていただくと分かりやすいかもしれない。特に長く続く瀬を効率よく釣っていくにはぜひとも習得したいテクニックです。

また、近距離のアキュラシーについて。近いほうが簡単だと思いがちだが洗練させるのはとても難しい。近距離にスムーズに着水させるのはそれなりに高度な操作が伴います。さらに近距離では手返しの速いキャストが求められる。そのテンポでアキュラシー、ソフトな着水をゆっくり遡行しながら行なうのは難度が上がります。

渓流釣りではねらうポイントまでの距離は目まぐるしく変化します。5ｍ先をねらった後に15ｍのロングキャストを行ない、またもう一度5ｍ先をねらうといったことは普通です。さらに水面の高さが常に変化することもキャスティング精度の維持を難しくしている。しかし普段の練習と、実際のフィールドで意識して釣ることによって、確実にキャスティングの練度は高まっていくでしょう。

低弾道＝最高ではない

水面スレスレを勢いよく飛んでいくルアー、そんなキャスティングを目差している人もいるかもしれません。最近では低弾道でキャストするのがよいとする傾向があるのかもしれませんが、決してそういうことはありません。ルアーの軌道は最短、最速がよい場合もあれば、ゆっくりしたスピードで穏やかな放物線を描いたほうが効果的な場合もあって、まさにケース・バイ・ケースです。

低弾道でルアーをキャストする。ブッシュの中やオーバーハング下をねらうには欠かせないキャスティングです。これにより手返しは早くなり、キャスト回数が飛躍的に伸びます。魚とコンタクトする確率も上がっていくでしょう。そのためにはピックアップまでの精度も要求されます。

キャストの手返し、スピードはピックアップの時の巻き取り残し（タラシの長さ）と密接な関係があります。できるだけ素早く連続したキャストにしたい場合、タラシの長さを毎回揃えてピックアップするのは難しい。そうなると、その時のタラシの長さに合ったキャストを選択するのが最も効率がいいわけです。要するに低弾道最優先ではなくアドリブ的な調整が必要になってきます。常に速いキャストだけではなく、低速のキャストも使い分けることでさまざまな状況に対応することができるわけです。さらにロッド操作によって左右にカーブさせ、魚の視線をかわすこともとても重要です。こんな場合は低弾道のキャストだけでは対応できないことも多いのです。また高い位置にルアーがあったほうが有利な場合というのも多くあります。

意識的にラインスラックを作ってドラグを回避する場合には、ルアー着水と同時にフェザーリングを解除してラインを放出するか、山なりのキャストで着水した時にはすでにラインが出ているやり方があります。前者は低弾道のほうがやりやすいですが、どちらが優位だとはいえません。その時の状況によって使い分けることが重要なのです。

では低弾道で圧倒的に速いルアースピードが必要なのはどんな時でしょうか。スピニングリールのメリットの一つは初速を速くできることです。ある程度スムーズな加速で放出されたルアーのほうがブレもなくきれいに飛んでいくものですが、川面を強風が吹くことも珍しくありません。そんな時はスムーズな加速を無視しても強引な初速でラインスラックを最小限に抑えるほうがメリットがあるものなのです。

ルアーを静かにランディングさせるのも低弾道が圧倒的に有利。もちろんスピードが上がるとフェザーリングの難易度は上がってくるのでミスする可能性も高くなります。

どんな軌道でルアーをキャストするかはあくまでケース・バイ・ケース

ブッシュの下に華麗に投げ込むスキップキャストも可能です。しかしハードルアーを魚の直前に着水させて驚かせるのは賢明だとは思えません。

フェザーリングの理想は呼吸のように自然に

文字どおり羽根のようにソフトにスプールに触れること。人差し指で距離感、スピードのすべてをコントロールするフェザーリングはスピニングリールのキャスティングで最も重要な技術ですが、上級者でも行なっている人は意外に少数です。

フェザーリングは単にラインの放出を抑えて着水させたり、スプールから無駄なラインが出るのを抑えることだけが目的ではなく、着水後のルアーの頭を確実にこちらに向かせ、リップやカップに水咬《か》みさせ、泳がせ、ヒットさせたいから行なうものです。渓流に限らず止水、海水域でも同じでしょう。スピニングリールを扱ううえで欠かすことができないといわれるゆえんです。

意外に知られていないのが、ルアーが着水する直前だけではなく、ライン放出直後から場合によっては複数回スプールに触れることもあるということ。フェザーリングではスピードもコントロールします。「ベイトに合わせてキャストスピードをコントロールする」の項（P74～76）にも記したとおり、時には空中を飛ぶベイトのスピードに合わせることも必要です。たとえば大型バッタが飛びかう初夏は、どちらかというとゆっくりと水面を

人は普段呼吸を意識しない。そのレベルでフェザーリングを行なうのが理想

渡るシーンが目撃されます。そうであれば速いルアースピードは魚に警戒感をもたれる可能性が高いのです。そういった時はラインに触る回数を増やしてスピードを落とします。

スピニングリールのメリットの一つは、繰り返しますが初速を速くできることです。初速を速くすることによって強い風に負けない放出スピードを得ることができるのです。またある程度スムーズな加速で放出されたルアーのほうがブレもなくきれいに飛んでいくものです。ですから、初速はそれほど変化させずに、人差し指のみでコントロールすることです。ルアーをポイントに正確に落とすということは、常に空中のルアーを目で追っているということ。できれば常にラインを張っている状態が理想、そうすれば距離もスピードのコントロールも容易になるでしょう。

オープンウオーターで単にルアーを落とすのはそれほど難しいことではありません。空中のルアーと落とすべきポイントを視野に入れて、距離感をコントロールするだけです。ルアーをピックアップしてベールを返す、人差し指でラインを掛ける、キャストする、そしてフェザーリング。この一連の動作でリールを見ることはありません。視線は常にポイントに向いていてほしい。その理由はいくつかあります。まず、ポイントから目を離したくない。ポイントでは何が起こるか分かりません。違う場所でライズが起こるかもしれない。魚の動きを見逃すかもしれない。

リールを見る必要がない、そのレベルまで、まるで呼吸するかのようなフェザーリングをマスターしたいものです。

アクションにおける「スピードの速い回転寿司」理論とは

ルアーのリトリーブはステディリトリーブが基本です。おそらくどのルアーもそこで最良のアクションが出るように開発されたと想像できます。ルアーの特性を知るにはまずステディリトリーブで動かしみることをおすすめします。テストはバスタブでもいいかもしれません。特に夜中のバスタブは普段は聞こえない音を再現してくれますから。

ステディリトリーブから派生したのがトゥイッチです。渓流でトゥイッチさせてイレギュラーアクションで食わせるのが定着したのはそれほど昔の話ではないでしょう。おそらくプレッシャーの高い河川では、ステディリトリーブでは釣りづらい個体もいて、それを攻略するために深化していった結果がトゥイッチだったのではないでしょうか。

渓流でのルアーの弱点は、実際に捕食されているものよりもサイズが大きく、着水音も、硬くてくわえた時の違和感も大きいことです。それらをリアクションという魚の特性を刺激することで補っています。定位している場所の流れが緩く、透明度が高ければだますことは困難なはず。流れに合わせてドリフトしても形状、大きさに違和感があるので口を使わせるのは難しいでしょう。逆に着水と同時に瞬間的な速い動きを連続させることによってリアクションを起こす可能性は高いのです。トゥイッチで大切なのは瞬間的な速さ。移動距離が少なくて速いことが求められます。瞬間的な速さを短い距離で行なうのがトゥイッチの基本です。魚はその瞬間的な速さに反応してしまうわけで、フィーディングゾーンにルアーを送り込んだらトゥイッチ、その時ゾーンから大きく移動することなくできれば成功といえるでしょう。

それでもファーストプレゼンテーションが重要なのは同じです。セカンドチャンスすらないこともあります。たとえば、浅く流れが速いポイントではエサは一瞬で流れ去ります。こういうところの魚をだますのは比較的容易です。トゥイッチもその状況を作り出しているだけです。魚もエサが短い時間しか滞留しないことを知っています。

ファストリトリーブに魚が反応するのも同じ理屈です。回転寿司の速度が速かったら鮮度のよさを見極めるのは難しいですよね？　さらに速くなればヒラメとアジを間違えることだってあるかもしれません。魚も一緒です。どうやったら回転寿司を速く見せることができるかなのです。瞬間的な速さを見せられるかどうか。もちろんフィーディングレーンで。そしてさらに美味しそうに見えたら文句なく成功でしょう。お腹が空いているのであればなおさらです。しかも他魚との競争もあります。あなただってお腹が空いていて、美味しそうな寿司が回ってきたら、他人に取られる前に手を出しませんか？

V

メンタルを鍛える

緊張感あふれるスクールは毎回がLIVE

一年に何回か各地で実践スクールを開催しています。店頭イベント等のお誘いも多いのですが、現場でのスクールにこだわって10年以上が経ちました。いつも楽しく、役に立つような実践的内容を心がけて少人数を目差しています。渓流では5、6人が限度でしょう。それ以上になると目が届きにくくなり、参加者との一体感にも欠ける気がします。

参加者はこれから渓流ルアーを始めようとする人、さらにステップアップしたい人、自分の立ち位置を確かめたい人などさまざまです。毎年参加していただける方、初めての方も多いですし、親子連れ、御年配の方もいらっしゃいます。僕のスクールは型にはめて教えるというより、見て感じてもらえるような内容だと思います。なぜなら見ているうちに自分でも出来るように思えてくるものだからです。

なぜ10年以上も続けてこられたのか。それは僕が教える以上に教えてもらう、気づかされることが実に多いからです。人それぞれ個性やスタイルがあります。それでも皆さん楽しく釣りをされて向上心にあふれている点は見習わなければいけないと思っています。

テレビ、DVD、動画撮影、雑誌等の取材がありますが最も緊張するのがスクールです。

スクールは参加者に教えながら自分自身も鍛えられる場

なぜって、それはＬＩＶＥだからです。動画撮影はそのアングラーのすべてをさらすことになりますが、編集でごまかすことはいくらでも可能です。釣れなければ翌日、翌週とロケを重ねることだってできるでしょう。スクールではそうはいきません。ファンもいますが懐疑的な方もいらっしゃいます。テレビのように上手くキャストしているか？　ＤＶＤのように簡単に釣れる？　雑誌で語るように軽やかに歩けるのか？　すべてが観察され、一挙手一投足を値踏みされるわけです。ミスは許されません。偉そうに言っていてもキャストで木の枝に引っ掛けるわけにはいかないのです。集中力はＭＡＸです。下手をすればＳＮＳで拡散されるかもしれません。でも僕にとって、この緊張感こそ大切、大きな財産になっているといえるでしょう。

しょっぱいホームグラウンドを持とう

あなたのホームグラウンドの調子はいかがですか？　ホームグラウンドを持つ意義については前著『渓流ルアー釣りがある日突然上手くなる』にも書きましたが、誰でもホームグラウンドを持ったほうがいいですし、おそらく持っているはず。それは一つである必要はなく、複数持つのもいいかもしれない。きれいな川、たくさん釣れる川、誰でも好きなはずですよね。それとは別にかなり釣れない川、プレッシャーの高い川もいいかもしれない。渓相も悪くてもいい。護岸されてさえない川でもいい。

僕のホームグラウンドの一つは一日頑張って2～3尾しか釣れません。漁協はあるけれど放流はほとんどしていないようだし、釣り大会やつかみ取りのニジマスが残っていたりする。本当にきれいな個体も釣れるけどサイズは知れている。でもシーズンの本当の終盤で必ず行きたくなる川。何かを癒すようなフィールドではなく、もちろん完全プライベート。でも一日やって小型が数尾しか釣れない。自分の中ではランドマーク的な位置づけで、この川で釣れればまだ正確に丹念に釣っている、自分の釣りが機能している証。浅く、小さな変化を見逃さずに釣ることができるかどうか。あきらめずにキャストし続けることが

自分の釣りを確認できる川、それがホームグラウンドの意味

できるか集中力が試される。シーズンオフ間際に確かめるように釣るフィールド。たくさん釣れる川は大好きだけど、こんなしょっぱい川も同じように楽しみは落ちているから、それを一つ一つ拾っていくのです。魚釣りは絶対的な大きさや数だけが楽しみではなく、その川の美点を探して探して見つけ出すのも、アングラーの才能ではないかと思うのです。もちろん釣れない時もある。フッキングさせられない、ランディングできない時もある。それは反省してさらに洗練させないといけない気がするんです。

僕のしょっぱいホームグラウンドは相変わらず釣れない川で、厳しい対応です。いつも厳しい意見を言ってくれる友人みたいなもの。小言を言ってくれる家族みたいなもの。自分は調子に乗ってないか？　浮かれていないか？「あなたが釣れるのは魚がたくさんいるからだよ」と言ってくれる。でもそれが心地よくなってきたら面白いよね。

釣れない時間も釣りのうち

皆さんは一日で何尾くらいのトラウトを釣りあげますか？　もちろん状況によって違ってくるでしょうけれど、5尾しか釣れない日もあるし、30尾以上釣れる日もあるかもしれません。まさかのボウズの日もあるでしょう。でも落胆する必要はありません。釣りというのは、ほぼ釣れない時間の中にときどき魚が混じることを喜ぶ遊びなのです。しかも魚が泳ぐ姿、追ってくる姿に一喜一憂して、隣で釣った友人や他人の釣果を歯を食いしばって笑顔をつくり賞賛しなければならないつらい遊びなのです（笑）。

今日は入れ食いでした‼　しかし入れ食いが30尾だったとしても一日のキャスト数からすると微々たるものです。そうするとキャスティングもロッドを振るというより祈りを捧げる儀式みたいなものですね。渓流を遡行したり、ルアーを激しく動かすのも運動不足を解消するにはいいかもしれません。

勇んでフィールドに立って「主導権を握る」と言うけれど、主導権は常に魚側にあると思ったほうがいいです。魚、フィールドの条件が釣果を決めてくれるからです。大増水ではお手上げですし、渇水では天を呪うかもしれません。どんな優秀なルアーだって魚の目の前に行かなければ能力を発揮しないでしょう。最高のタックルをもってしても自然の前では時に無力です。一日やって徒労に終わる日も少なくないでしょう。大型の魚や希少種ならなおさらです。

釣りとは釣れない時間と向き合うことかもしれません。それはフィールドであったり、フィールドへ向かう車中、あるいはバスタブの中かもしれません。釣れない時間の多さが釣れた時を輝かせてくれているともいえます。

魚の気分が変わるまで気長に待つことにしましょう。僕らと遊んでくれる魚に常に感謝したいものです。たくさん釣れすぎると飽きちゃうものですよ。でも、「小さい魚でも満足です」と言いながら大きなネットを用意しましょう。準備は怠ってはダメです。チャンスは少ないですから。運悪く釣れなかった時のために言い訳はたくさん用意しましょう。かっこいい言い訳も用意しましょう。これで万全です。そして、ときどきしか釣れないことを受け入れることから始めましょう。釣れないことは釣りの大部分なのです。

あまり釣れなくても僕らがこの釣りを好きでやめない理由は明快です。釣れないことを差し引いても余りあるフィールドの素晴らしさ、魚の美しさ!! 釣れない時は花の写真を撮ってもいいし、コーヒーを飲むのもいい、帰りに温泉に入ることだってできる、楽しみ方はいくつもあるのです。そのすべてを釣れない時間が与えてくれたと思えばいい。釣れ

釣れない時間ときちんと向き合ってきた結果が釣果につながっているのかもしれない

たことをイメージし、悪いことはなるべく忘れることにしましょう。どうして釣れたのかを考えるほうが健康的だし、健全ですね。

でも、「どうして釣れなかったのか」「バレたのか」を考えてフックを交換する、あきらめの悪い釣り人の性も嫌いじゃないですけれどね。

何かにすがりたくなる時

誰にでもスランプはやって来るものです。何日も釣れない日が続く。簡単にバレてしまう。チェイスするけれどフッキングさせられない。キャストの精度といった目に見えるものを克服するのはそれほど難しいことではありませんが、釣りは魚相手なので100％思いどおりにはなりません。

チェイスはあるけれど掛けることができない時、ルアーのせいにしたくなります。サイズ？　カラー？　サイレントじゃないから？　スピナーのほうが正解？　スプーンを持ってきていれば。こんな迷いは誰でもあるものです。でも同じ状況で検証することはほぼ不可能。いろいろな思考が働くはずですが迷わず一番好きなルアー、カラーで挑むことが精神的にはいいかもしれません。

掛かった魚を100％キャッチするのも難しいでしょう。「1尾バラしたらもう2尾掛ければいいよ」っていう余裕を持ちたいけれど、簡単ではないですね。10尾掛けて3尾キャッチするより、2尾掛けて2尾ともキャッチした一日のほうが満足度は高いでしょう。フックをいくら交換しても100％はない、でも少しでも改善できれば……ロッドが硬いのか？　ラインがＰＥだから？　リーダーがフロロだから？　フックが悪い？

おそらくどれも正しいけれど、どれも正しくない。

ロッドを柔らかくしたら、確かに掛かってしまえばバレにくいかもしれない。しかし瞬時のバイト、しかもショートバイトを合わせるのであればやや硬めのほうがいいだろうし、ルアーにキレのあるアクションを伝えるのであればティップ部分に張りが必要になってくるでしょう。完璧なタックルはないし、たとえ完璧でもそれを完璧に扱うのは難しい。

何をやってもだめな時、そんな時は何にでもすがってみましょう。とことんやって結果がでたら大きな自信につながるはずです。アワビを貼ってみる、フラッシャーを付けてみる、バイトポイントを付けてみる。そっとお守りを忍ばせる。大釣り祈願するのもいいかもしれません。験《げん》を担いで右足からウエーディングシューズを履いてみる。バラしまくりの時はロッドを酒で清めるのも効果的かもしれません。ひょっとしたら最高級のタックルで揃えて自分の逃げ場をなくすことも必要かもしれません。

タックルのせいにはできないし、条件のせいにもできない。先行者のせいにもできない。釣れないのは自分の責任です。でも釣ったのも自分の判断がよかったから。自分の才能をほめてあげればいいのです。

釣り場でいろいろと迷うことは多いでしょう。大切なのは基本に忠実になることです。

迷った時は一番好きなルアー、カラーで挑むという手もある

迷ったら原点に戻ってひたすら投げ続けることです。歩き続けることです。無心で。きっとそこに答えはあるはずだから。

自分の釣りに自信を失くした時は

スクールでは「自分の釣りが正しいか見てほしい」と聞かれることが少なくないです。この釣りは単独で行動する人が多く、実際に自分の釣りがどんな位置にあるのかを知りたいのだと思います。釣りに正解はありませんが誰もが正解を求めるものです。

いろいろ聞くと、魚は釣れているらしいがどうも自信がないらしい。大抵の人は全く問題ないレベルで、そう伝えると皆さんすごく安心されるのが印象的でした。地元では釣れている人でもこんな疑問があるんですね。魚が全然釣れていなければ何か問題があって改善しなければならないのでしょうけれど、そうではなくても不安に陥るのかもしれません。鏡で自分の釣りが見られればいいけれど、そういうわけにもいきませんからね。

現在では動画も気軽に撮る・見ることができて自分の釣りに生かせるけれど、一昔前は、単独で釣りをする人は自分以外の釣りを見ることはなかったわけです。そういった意味では、複数の人が参加するスクールでは、さまざまなタイプの釣りも見ることができるわけです。自分の位置を確認するのも自信になるよいきっかけかもしれません。

僕でも自信のない時はあります。全体を通しては自信をもって釣りをしています。釣れ

『鱒の森』の取材風景。いつも
こうだといいのだけれど……

ない気がしないことさえあります。自信満々で撮影を迎えることもあるし、開始30分で取材終了もあります。午前中だけの取材スケジュールもざらです。

そんな能天気な僕でも、自信を失うこともあります。取材中に何度もバラしてしまったこともあります。そんな時はメンタルが完全に崩壊して、どんなファイトをしても、ランディングをしてもバレてしまう気がするものです。努めて冷静になっても上手くいかない時もあります。だいたいが物に責任転嫁しがちです。自分を責めるよりいいかもしれないけれどね。ロッドを柔らかくしてもバレの問題は解決しないかもしれません。

シーズンを通してと、一日の中での起伏ももちろんあります。魚とのコンタクトがあってもキャッチできないと誰でもそうなるのではないでしょうか。取材中にサクラマスをネットのフレームまで乗せてバラした時は相当凹みました。でも現状を正確に分析し、原因を探し出し対処しなければなりません。その時はどこでどうやって撮影しようかまで考えてランディングしていた気がします。その隙を突かれたのかもしれません。

僕みたいに楽観的な人はいいかもしれませんが、深刻に考えがちの人も多いはずです。そんな時は「フッキングまでは正しかった」とか、ポジティブに考えたほうがいいでしょう。結局は自分を信じ、自分の釣りを信じ、歩き続けて Keep Cast しか解決策はないのかもしれません。

ハイプレッシャーの川を楽しむ

日常的に釣り人が多いフィールドは常に高いプレッシャーにさらされているものです。特に週末しか釣りにいけない人は大変です。自分だけの秘密の釣り場はもうそれほど多くないのかもしれません。魚は怯え、警戒心が強く、釣り人にも慣れています。少しでも姿を見せたり、ルアーの影を見せるだけで走られてしまいます。これは決して首都圏近郊だけの話ではありません。地方の有名河川は県外からも多くの釣り人を集めます。みんな桃源郷を夢見て、週末には駐車スペースは県外ナンバーで埋め尽くされ、河原は足跡だらけです。それを嘆いても仕方ありません。現実を受け止めて釣るしかないのです。家に逃げ帰ってSNSで不平不満を言っても仕方ありません。

かなり前に雑誌である文章を読みました。こんなニュアンスだったと記憶しています。『その日同じ川でたまたま釣ることになった2人、全く違う場所から、たくさん釣ることを夢見て、前夜から支度をし、車で同じ川を目差した2人。この2人はライバルではなく仲間と言っていいだろう。同じ日の同じ川、同じポイントを目差すなんて奇跡的だよ』

この記事を見て、なるほどと思ったものです。考え方を変えるだけでポジティブになれる。だからこの言葉をいつも胸に秘めています。

誰でもまっさらなフィールドで釣りたいものです。そのほうが簡単で、たくさん釣れるかもしれません。しかし現実には、入った痕跡がまだ生々しくてもその後を釣らなければならないこともあります。そこまでではなくても先行者が釣った後を午後から釣ることも珍しくない。そんな時はプレッシャーのどこに楽しみを見いだすのか、自問自答します。プレッシャーの掛かっていないポイントはどこかにあるのだろうか。最深部？　ブッシュの下？　キャストすることが不可能なあの中？　必ずどこかにあるはずです。それを推測して探し出す。あるいはルアーを、アングラーを見切っている大ものが流心に堂々と定位しているのか？　警戒心を植え付けられたヤツがそろそろ出てくる時間かもしれない。これはルアーを見ていないから可能性が高いかも。ミノーにはスレ切っているからスピナーのほうがいいかもしれない。一番速い瀬の瀬頭に付いているかも。じっくり時間をかけて深淵をねらうか？　スピードを上げて手数で勝負する？　警戒心が強くても魚は常に空腹で貪欲です。それだけがプラス要素です。いつも以上に慎重なストーキング、キャスティングが求められます。でもそんな中で釣った1尾は何より貴重だと思うし、満足感も高い。

時間はだいぶ少なくなった。でも焦ることはない、そんな時は先の一文を胸に刻んで歩くのです。友人と一緒に釣ったと思えば気持ちも軽やかになるから。

Ⅵ

オフシーズンも豊かに過ごす

練習でスキルを高める

楽しいシーズンはあっという間です。思うように釣りに行けなかった人、最高のシーズンだった人、天候に泣かされた人、悔いが残る人。でもオフシーズンもやらなければいけないことは山のようにあり、また楽しみなこともたくさんあるものです。

何事にも練習は必要です。スポーツであれ料理であれ、書道であれ。ゴルフ、スキーにはスクールがあり、プロとアマチュアには厳然たる差が存在します。釣りにはそこまでの明快な差や壁はないけれど、名手は人知れず練習しているはず。ルアーフィッシングはキャスティングだけを切り取れば完全にスポーツといえるから、遠くに投げる、正確に投げることは練習で容易に向上します。誰よりも上手く投げるには1回でも多く投げること。練習は裏切らない。しかも質の高い練習、より難度の高い練習をする必要があります。

日々の積み重ねが重要なのはどんなジャンルのスポーツも一緒です。筋力が必要ならウエイトトレーニング。川を歩くことに不安があるなら脚力、持久力を鍛える。ランニング、ウオーキングはどんなスポーツにも有効なトレーニングでしょう。学校やオフィスへの移動の階段などは絶好のトレーニングスポットだし、昼休みも有効に使える時間でしょう。

また正確なキャスティングには体幹を鍛えることが有効だと思います。

練習は楽しいほうがいい。実際のポイントに見立てた練習コップの中に入れるのもいいけれど、逆さにしてその上に静かに乗せることもできるかもしれません。練習だから失敗しても失うものはない。夜間の場合は特に、とにかく静かに着地させることを心がけましょう。ロッドを強く曲げて投げるのは屋内では難しいけれど、ピッチングやフリップキャストはリビングでも可能です。遊びなんだから気楽にやればいいという方もいるでしょう。でも遊びだから、一所懸命やりたいのかもしれませんね。

フェザーリング、サミングが不得意、不安な人はとにかくリールに触れている時間を作ってリールのサイズを手に馴染ませることが最優先です。またルアーのピックアップからベールを返して人差し指に掛ける、この一連の動作は速すぎて困ることはありません。リールの扱い、ベールの扱い、フェザーリングの練習なんていうのは屋内でも可能だし、むしろソファに座ってテレビを観ながら、あるいは片手でスマホを操作しながら、YouTubeを見ながらのほうが実践に即した練習になるといってよいでしょう。特にフェザーリングの練習は目線をリールから外して、意識がほかにあったほうがいいのです。フィールドでキャスティングする時にはあくまでも魚と対峙するために意識を集中していたいですし、前記したように呼吸をするように自然に行なえるようにしたいものです。

撮り溜めた写真や動画を楽しむ

ここ数年で写真の撮り方は大きく変わったといえるでしょう。撮影のハードルもぐっと下がった気がします。誰でも気軽に川で、水中で高品質の画像が得られる時代なのです。写真を撮る意味が変わったのかもしれません。渓流釣りをする人で今や写真を撮らない人は少数派なのではないでしょうか。

単純に美しい風景や魚を撮り溜めるのは楽しいものです。魚のパーツは美しいものです。サイズに一喜一憂しないのも肝心。ヒレの丸い放流魚でもどこかに1ヵ所くらいは美しいポイントがあるものです。ファインダー越しにそんなポイントを見つけるのも楽しみの一つです。その時は分からなかったけれど、後から写真を見直して発見があるかもしれません。写真の整理、そこを積み重ねると大きな情報になるかもしれない。

さらに手軽に撮影できるようになったのが動画です。ドローンでの撮影もそれほど難易度が高いとはいえないでしょう。スマホで手軽に編集もでき、SNSで発信できる。自己顕示ではなく他の人に感動を伝える、共有する目的で。驚くほどの高品質を、驚くほどの手軽さで手に入れることができる時代なのです。SNSは日本全国だけではなく世界と繋

誰もが気軽に写真や動画を情報発信できる時代

がっています。あなたのそのテクニックはワールドクラスかもしれないですよ。そのルアーの作り方は世界中の人が知りたいことかもしれませんよね。アイデアとセンスがあれば世界はぐっと近くなるはずです。

言葉は苦手でも画像、映像さえあればコミュニケーションは可能です。日本の渓流の素晴らしさを世界に発信できる時代なのです。海外に行くのは簡単ではありません。でもSNSでその国を知るのは容易です。

意外と日本と似た渓相だな。日本のタックルをたくさん使っている。見たことない魚だな。きれいな街並みだね……そんなシンプルな理由で海外へ出掛ける時代なのです。

タックルを愛でる

自然を愛し、慈しむのがこの遊びの本質なのでしょう。その「遊び」を大人が本気で実践してきたおかげで世界中に名タックルが生まれました。素晴らしいフィールドからは独創的なルアーが生まれ、アングラーを楽しませてくれました。世界的なヒット作、普遍的な名作も生まれました。そういったタックルを買って、使い、釣るのも大きな楽しみの一つです。世界には魅力的なメーカーがあり、僕らを夢中にしてくれます。日本は世界に類を見ない釣具大国で、もちろんここからも名作が生まれています。

タックルを大切にすることは釣りを豊かにしてくれます。決して高価である必要はなく、個性的な道具を周りに置くだけで幸せになれます。長年愛着したタックル、数々の思い出を作ってきたタックルにはお金に替えられない思い出が詰まっているからです。リールのハンドルを回しただけでいろいろなことを思い出すかもしれません。グリップエンドの傷はハードな遡行の証でしょう。黒ずんだコルクは一緒に歩んだ時間を感じさせます。

最新のタックルではなくても楽しめるのが渓流釣りのよいところです。今なお古いタックルで楽しめるのはこの釣りが文化として確立しつつあるからでしょう。使い手の美的センス、単なる懐古趣味とは違う奥行きを感じます。機械としての美しさを楽しむ、古くなった味を慈しむ。

タックルの収集もこの釣りの楽しみの一つです。専用のケースを製作してルアーを並べて飾ったり、ウオレットの雑然としたルアーを丁寧に並び変える。それだけで心躍る瞬間です。最近ではハンドメイド・ルアーをきれいにコレクションするのも楽しみの一つでしょう。日本のハンドメイド・ルアーの歴史も半世紀になろうとしています。古いオリジナルモデル、絶版になったルアー、スペシャルなカラー。日々の仕事に忙殺されてなかなか釣りに行けない人も、ネットでそれらを探すのが日課になっていたりします。そんなタックルを集めるのも次のシーズンに向けた大きなモチベーションになるでしょう。

コレクションも釣りの大きな楽しみの一つ。ディスプレイに凝ってみるのもいい

渓流オフシーズンならではのフィールド

楽しいシーズンはあっという間に過ぎ去っていく。次のシーズンまでの長い時間をどう過ごしていますか。オフシーズンになると管理釣り場が盛況です。僕らが子供の頃通っていたマスを区切って釣らせようとする釣り場とは全然違って、さまざまなポンド、ストリームが現在は全国各地に点在します。まずは自然の流れを区切って普通の渓流を演出するタイプ。近年は単にオフシーズンのストレス発散の場というより、この釣りが好きなアングラーのコミュニケーションの場という意味合いが大きいように思います。がっちり一日釣るよりもバーベキューをしたり、仲間と情報交換をする場所という感じ。設備も充実しているのでのんびり楽しむには絶好の環境といえるでしょう。魚の密度が高いので自分の苦手なルアーやメソッドの克服を練習できるメリットもあります。

漁協が積極的にオフシーズンの河川を活用している例も見られます。主流は渓流のやや下流エリアにニジマスを放流して釣り人を集める方式で、従来は利用されることがなかったエリアと季節でのこの手法は、今後はより多いに利用されるべきでしょう。魚の密度は高いとはいえませんが集中力を高めるには格好のロケーションです。

鮭川サケ有効利用釣獲調査に参加してヒットしたシロサケ

野外プールを利用した首都圏の釣り場はかなりユニークです。夏はプール、冬は釣り人に解放する、これは実に効率的だし斬新《ざんしん》なアイデアだと思います。なんといっても近くて安価でたくさんの人が同時に釣りができる。エントリーモデルとしては最高なのではないでしょうか。イベントにも最高のロケーションといえます。

サケの遡上も有効に利用したいですね。日本の場合はシロサケがかなり多くの河川で遡上が確認されています。一部河川では釣獲調査が行なわれていますが、もっと有効活用されるべき魚種だと思います。首都圏から近い河川も多く、高い可能性を秘めているといえます。サケは日本人にとってシンボル的な魚の一つ。漁協は地域の活性化に幅広く利用すべきでしょう。なぜならこのサケは決して漁協のものではなく、国民の財産なのだから。

リールの不調はオフの間にメンテナンスを

タックルの中で最も酷使され、消耗が激しいのがリールでしょう。常に使用され、岩にぶつかり、雨にさらされ、時には写真を撮るため水中にも浸けられる。暑い車内もよい環境とはいえない。そう考えると3～9月までの7ヵ月間、1シーズンを1台のリールで乗り切るのは容易ではない。同じサイズのリールが2、3台ないと難しいかもしれません。シーズン途中で調子が悪くなることもあるし、転倒などでパーツが破壊されることもあるでしょう。そんな時には予備のリールは必ず必要になってくる。ひどいアクシデントではなくても不調を訴えることは多々あり得る。回転が悪い、異音がするなどは、機械なので使っていれば必ず起きるでしょう。ただ最近の高性能リールは簡単には分解できない。最低限のオイルを塗布するくらいのものです。

僕みたいに機械に弱い人は身近に信頼できる人がいると安心です。最近では少なくなったプロショップの中にはリールメンテナンスが得意の店もあるようです。安いからとネットで買っても、必ず修理やメンテナンスは必要になってきます。メーカーのオーバーホールに出すのも悪くないけれど、時間が掛かりそうだし金額も高そう。もしオーバーホール

タックルの中でも特に酷使されるリールは故障に備えて複数台を用意しておきたい

するのなら余裕をもって預けたい。肝心のシーズンに間に合わないのはシャレにならないから。でもひょっとしたらもっと近くに信頼できるプロショップがあるかもしれません。一昔前のプロショップ全盛時には必ず腕の立つオーナーや店員さんがいたものでした。ショップは物だけを売っているわけではありません。フィールドの情報はもちろん、そういったアフターサービスは普通でした。ルアーや消耗品はともかく、アフターケアが必要なものは価格だけではなく、そのあたりも考慮したほうがいいかもしれません。

自信のある人はメンテナンスに挑戦してもいいでしょう。関連動画もたくさんアップされているはずです。自分が使っているツールがどうやって作動しているか知ることは、きっとプラスになるはず。でも、あくまでも慎重にね。

渓流ルアーのアングラーにはオールドリール派も多いはずです。きれいなアウトラインとシンプルな構造が人気の秘密でしょう。カージナルが圧倒的に人気のようですが、僕はミッチェルのフォルムが好きでした!! 自分で理解、管理、チューニングするのも楽しみの一つといえるだろうから、その点ではオールドリールは最適といえるかもしれません。アフターパーツがたくさん出ていて、ドレスアップしたり、個性を主張できる数少ないツールがオールドリールだと思うのです。

ロッドメンテナンスはガイド周りがポイント

1シーズン使えばロッドの消耗も激しいでしょう。でもロッドのメンテナンスと聞いてどこをケアするのか疑問に思う方もいるかもしれません。折れていなければ大丈夫なのでは？　しかしシーズンを通して酷使されたロッドは意外と傷んでいるものなのです。淡水での使用なので塩の被害はないからその辺りは軽症かもしれないけれど、ブランクの汚れは日常的に拭き取ってほしいです。シーズンオフにはガイドの汚れもていねいに落としたり、UVケアのコーティングも必要かもしれない。明るいカラーのブランクは紫外線で変色しやすいのでUVコーティングが意外と効果的です。

でも一番注意したいのはガイドのメンテナンス。淡水ではガイド自体が錆《さ》びることは少ないかもしれないけれど、フレームとガイドリングの隙間をていねいに清掃したい。ここの汚れは意外と気づかないものです。同時にチェックしてほしいのはガイドリングの割れやヒビ。SiCは非常に硬い素材ですが、それでも細かい傷は避けられません。また硬度が高い素材は衝撃等には弱い面があり、気がつかないうちにヒビや欠けができている可能性もあります。ラインが高切れした、PEラインが毛羽立つ等の症状が頻発するのであれば、まずガイドを疑ったほうがいい。肉眼で見る、触ってみる　さらに怪しい部分はカッターの刃先で軽くなぞって点検してみることを勧めます。

ガイドリングにヒビや割れがあれば交換しなければなりません。同じものが理想だけれど古いロッドは廃盤になっていることも考えられます。その時、愛竿のガイドスペックが低ければ最新のガイドを装着してもいいかも。現在の最新スペックはチタンフレームSiC。かなり高価だが軽量です。もともとガイド自体は軽いパーツですが、ブランクに装着するとその重さが大きく影響します。特に先端のガイドは軽量になるほど持ち重りや振り抜け感などが大きく変化します。

ガイド交換の作業はそれほど難しくありません。現在はメディアなどでロッドビルディングを推奨することはなくなってきましたが、僕らの年齢のアングラーは一通りその洗礼は受けてきたように思います。ガイド交換、スペックUPやガイド径をPE用に小さくすることがロッド性能をアップさせるのは間違いないし、リペイント等のドレスアップも含めて今後流行すると面白いかも。ショップによっては有料でしてくれるところもあるけれど、You Tubeで動画を探して挑戦するのも長いオフシーズンの楽しみになりそうです。

いろんな本を読んでみる

現在ではＷＥＢ上から情報を得ることが多くなり、紙媒体の重要度が相対的に低くなったのかもしれません。特に鮮度のよい情報はＳＮＳを通じて素早く拡散されます。今日どこで釣れたとか、昨日どこで釣れたとか、自分の欲求を満たしてくれるものが多く見受けられます。しかし、情報は鮮度が命ですが、深く掘り下げるほうが味わい深いものになる場合もあるのです。

情報量とスピード、鮮度ではＷＥＢの情報には遠く及びませんが、本から得られるものは情報だけではありません。たとえば著者の中で消化された新たな視点や切り口の提案であったり。直接何かを伝える教書的なものもいいですし、何かを示唆してくれる本に巡り合えるかもしれません。

また何も釣りの本である必要もなく、山や川、海の香りがするものが僕は好きです。時にはヘミングウェイの名作で海に出て心を豊かにするのもいいでしょう。紀行文、ノンフィクション、フィクションなどを通じて、あなたのホームグラウンドの地域の歴史や文化を知ることができるかもしれない。それはさらに豊かなフィッシングライフを約束してくれるでしょう。

僕は読書家ではありませんが、釣りの考え方に影響を与えてくれた本は何冊かあります。今でもその表紙を見るだけでも当時のことを思い出します。一度ではなく何度も読み返せるのが本のいいところでしょう。次のページに何が書いてあるのか分かっているけれど、ページをめくり読みふける。そこに置いてあるだけで本は語りかけるのです。スマホから大量に流れてくる情報をちょっと遮断してみるのもいいかもしれませんよ。とにかく本と静かに向き合う、文字と向き合う、思考する。どこか渓流釣りと同じ匂いがしませんか？

釣り雑誌は時代を牽引しているメディアの一つです。誰かの連載を待ちこがれ、その場所にいつか行ってみたいと思ったものです。プロのカメラマンが高い技術で撮った写真の中から厳選した写真は、素晴らしく心に響くものでした。文字以上に写真が饒舌《じょうぜつ》に語りかけてくるのが雑誌の特徴でしょう。一枚の写真がその後の人生を変えることだってあるかもしれません。

僕も何年も連載をやらせていただきました。月刊だったので当時は必死で取り組み、毎回が真剣勝負でした。場所や川が重複しないように、渓相の雰囲気も変化がでるように、服装だって気にしたものです。

以前に何冊か書かせていただいた本を持参されて、話を聞かせてくださる方にお目にか

情報量とスピードでは本はＷＥＢには遠く及ばないが、本から得られるものは決して情報だけではない。そして優れた書物は時を超える普遍性をもつ

かることもあります。とてもうれしく思う瞬間です。

　文字だけでは表現できないものもあります。その点、島崎憲司郎さんの本は本当に素晴らしい。写真やイラストも豊富で非常に分かりやすく、水生昆虫の世界に強烈に引き込まれます。ＷＥＢでは決して知ることのない、フィールドでしか知り得ない真実の知識を探求した痕跡を感じることができます。これは本というより作品です。同じ渓流釣りをしながらエサとなる水生昆虫の知識が乏しいトラウトルアーアングラーには、ぜひ見てほしい名作です。

イベントに参加してみる

本州の渓流シーズンは約7ヵ月でオフシーズンが5ヵ月。10月に入れば毎週末には何かしらの釣りのイベントがあるはずです。もちろんオフシーズンだけではないのですが、オン&オフがはっきりしている本州では10〜2月の間に開催されることが多いようです。

横浜・大阪での数万人が訪れる大規模なフィッシングショーから、ショップ単位で行なわれる数十〜数百人規模のものまでさまざまで、大部分は参加費無料なのもうれしいところです。世界的な有名メーカーが集結するものから、ハンドメイド製品を集めたマニアックなもの、新進気鋭のビルダーが集まった熱いイベントなど、どれも釣り好きのための催しですから楽しいでしょうし、得るものも少なくないでしょう。

ハンドメイドルアーのイベントも活発です。機能的なものから芸術的なものまで、50㎜程度のミノーにこれほど自分の世界観を表現できるものかと感心します。今は新しい世代のビルダーも続々誕生しています。入手困難なルアーも多く、見るだけでも貴重な機会になることは間違いないでしょう。もちろん購入もできるので来シーズンに向けてのモチベーションにもなるのではないでしょうか。

変わったところではメーカーの新製品発売に合わせた試投会も面白いですね。来シーズン向けの製品を実際に使える貴重な体験です。ロッドは高価な買い物、出来れば実際に使って試してから購入したいと思うはずです。ロッドは店頭で触ってみるだけより、実際にラインを通してキャストしてみる、ルアーを動かしてみる、魚を掛けてみることによってより理解が深まります。特に自分が普段使っているリールを使用すれば、よりリアルに感じることができるでしょう。ひょっとしたらいろんな特典もあるかもしれません。

インドアだけではなくフィールドでのイベントもあるはずです。放流イベントに協力するのも重要なのではないでしょうか。いつも通っている川をよりよいものにするために漁協と協力して、素晴らしいフィールドを作っていくことは大切ですね。特にホームグラウンドであれば時間が許す限り参加したいものです。自分の釣り場は自分で作っていく時代ですから。

清掃活動だって大切なことですよね。シーズン中も日々黙々と釣り場のゴミを拾っている方もおられますが、時にはイベント的なものとして開催するのもアリだと思うんです。自治体、漁協と協力して大きな人数を集められればいいですよね。大きな人数が集まって注目していることが分かれば自治体、漁協の考え方もきっと変わっていくはずです。

自分で企画するのもありかもしれません。実際に愛好者同士の交流の場から発展したも

放流活動、清掃キャンペーン、新製品のデモンストレーション等、オフはさまざまなイベントが目白押しだ

のも少なくないです。SNSでつながっている同士で何かやってみるのもいいかもしれません。漁協に働きかけて一緒に清掃、放流活動をしてみては？漁協も高齢化でフレッシュな人材を求めているかもしれません。いろいろな声を求めているかもしれません。それに応えるのも釣り人の責務ではないでしょうか。

バンブーロッドを製作する

グラス素材から炭素繊維への移行は、ある意味革命的な出来事であったわけです。みんなが軽くて反発力の強いカーボンを夢の素材のように迎えました。カーボンの出現は安価で高品質のロッドをたくさん生み、グラスマテリアルをあっという間に古くさい素材に変えてしまいました。その後もカーボン素材は弾性率を上げ続け進化していきます。その恩恵はもちろん大きかったのですが、近年はグラス素材を見直すきっかけにもなりました。

竹はさらに古い素材ですが、今でも愛好者がいるということは大きな魅力を秘めているのでしょう。その魅力の一つが自分で作りだせる素材だということです。僕がバンブーロッドを作り始めたきっかけは、ロッドのテーパーというものに興味があったからです。ギャリソンの本を見たり、厚みをマイクロメーターで計ってテーパーを図面化することで、実際のロッドがどんなアクションになるのか勉強したかったのです。

手順を教わりやってみると、釣具製作の中で最高の趣味の一つではないかと思えるほど楽しい時間が待っていました。ショップのバンブーロッド教室というエントリーしやすいものでしたが実に楽しい。竹素材なので、正三角形の集合体であっても極端なテーパーはできないわけですが、そのわずかな違いでアクションが微妙に変わるものです。さらに焼くことによって硬さを変えられる、つまりカーボンでいうと弾性率の違いをだすということです。張りを出したくて焼きすぎて炭（カーボン）になってしまったことも多くありました。これは想像を絶して難しかった。その奥の深さと楽しさ、魅力を、物作りが好きな人間としては拒否しがたいものがありました。竹を削る時は頭の中が真っ白になる、そんな感覚になったのも初めてです。古い素材ではあるけれど、僕には新しくて新鮮でした。スピニングロッドの極端でさまざまなテーパーを竹素材で実現するのは困難だけど、自分なりの味を求めてトライしてみるのは決して無駄じゃなかったと思うのです。

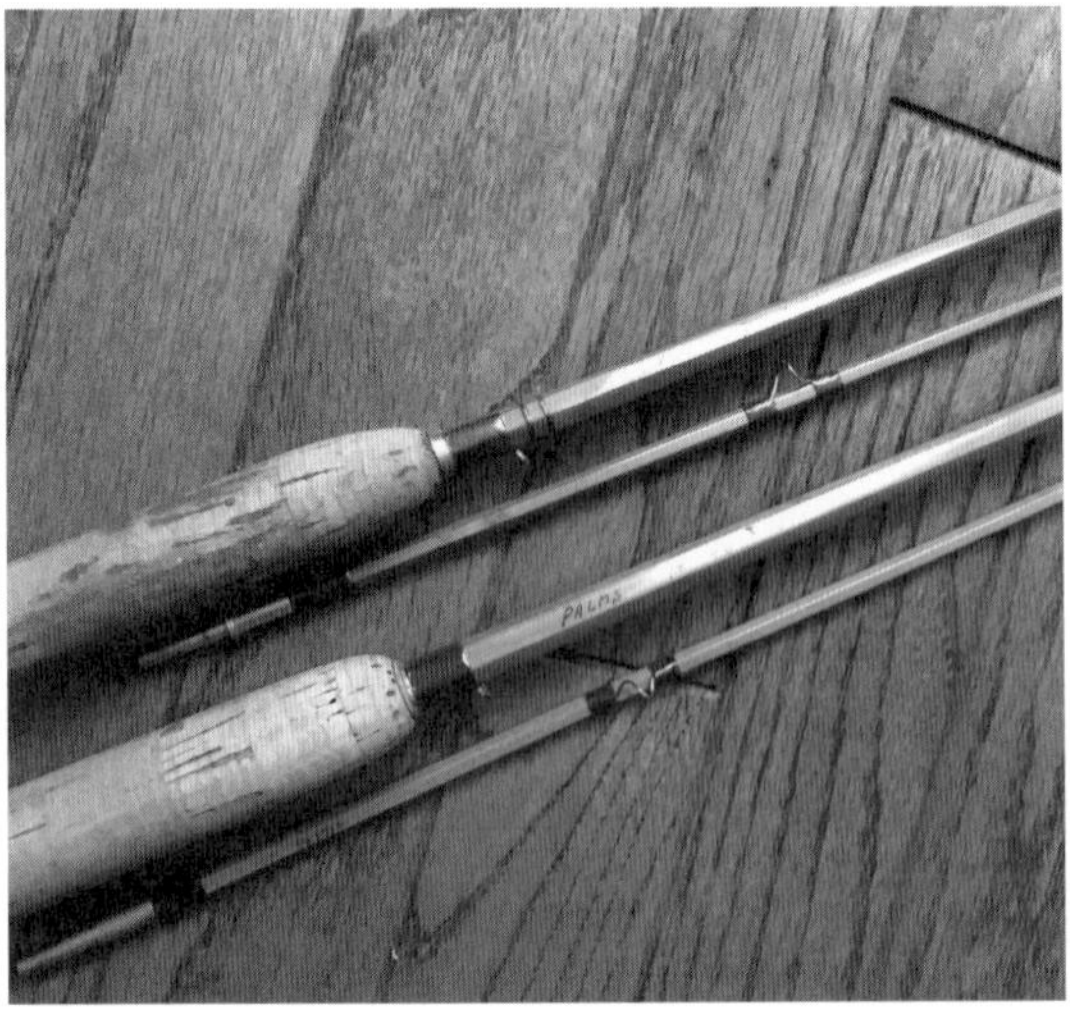

バンブーロッドを製作することは、ロッドを理解するうえで実に有意義。またそれ以上に大きな楽しみでもある

Ⅶ

未来へ

60歳からの渓流フィールド

釣りというレジャーも高齢化の波を避けることはできません。フィールドで出会う方も高齢者が目立ってきました。でもそれは時代の流れです。今のシニア世代は元気なので心配する必要はないでしょう。僕自身、日々の衰えと戦い、実感することも多くなりました。夕方の釣りがつらくなってくる。軽く飛べた岩も勇気が必要になる。恐怖感が勝ってくる。転ぶのではという不安が足下を危うくします。

どんな年齢でも楽しめるのが釣りという遊びです。これからは高齢者向けの遊び場をしっかり考える時かもしれません。自分たちの釣り場は自分たちで確保し、作っていかなければなりません。険しい山岳渓流はもう無理でも足場のよい釣り場も各地にあるので、みんなで楽しめるようになるといいですね。まずは老いた自分を受け入れることから始めましょう。まだ大丈夫、これくらいはいける。そんな過信が事故を生み出します。大切なのはこの素晴らしい遊びをできるだけ永く続けることです。誰かに伝えることです。

僕も全国の川を歩いてきて、もう二度と行くことが難しい川もたくさんあります。でも「この川なら年齢が上がっても充分楽しむことはできるかな」と、そんな視点で川を見ることが多くなってきました。エントリーが容易で退渓もスムーズ、そんな川が近くにあるといいですね。きっとあるはずです。長い距離でなくてもいいわけです。数キロのフィールドで充分です。数年後にはどこかの出版社から『60歳からの渓流フィールド』なんて本が出版されているかもしれませんよ。

人は必ず老いていきます。でもそれを努力で遅らせることは可能です。永く川と付き合い魚と向かい合うにはこっちにも覚悟が必要です。目に自信がなくなったら暗くなる前に宿に戻って温泉に入ればいいし、ゆっくり朝食を食べてから出掛ければいいのです。がむしゃらに釣るより一尾を慈しみましょう。いい趣味だと思うんですよね、渓流釣りって。

小菅村漁協では1993年より「小菅川キャッチ＆リリース区間」を設置している。釣り人の高齢化が進むこれからの時代は、このような釣り場がより価値をもつようになるのではないだろうか

偶然が支配する遊びだからこそ

「いやいやこの魚を釣ったのは自分のテクニック、確かな戦略があったからだよ」なんて声が聞こえてきそうです。でもあえていうと、釣りは偶然が支配する遊びです。だから子供でも大人でも一緒に楽しめるのが釣りなんですよ。そこが釣りのいいところ。釣りランキングがあってそのランキング通りしか釣れなかったら、全然面白くないでしょう？　いつも〝名人〟が一番だったら興醒《きょうざ》めですよね。

釣りは必ずしも技術的に上手な人が大きな魚を釣るわけではありません。釣果を実現するための技術の割合は少ないのです。それが釣りの楽しさ、面白さの大きな部分だからです。だから足下に力なく落ちたルアーを良型がくわえることもあり得るわけです。ライントラブルの間にヒットしたり、よそ見しても今日一番の魚が釣れるわけです。そんな経験は誰にでもあるはず。

メジャーリーガーのボールをアマチュアが打つことは不可能でしょう。プロとアマには厳然たる壁が存在するのです。釣りはそうではありません。有名プロアングラーの横でビギナーが最大魚を釣ることは珍しいことではないのです。

偶然が支配する釣りの中に占める必然の割合を少しでも
大きくするために、スクールに参加するのも手だ

「それでは何をしても無駄じゃない?」、そんな声も聞こえてきそうです。

それでも釣りが上手くなりたい、大きな魚を釣りたい。偶然が支配する釣りの中に占める必然の割合を少しでも大きくするために、技術で補うことが上達の近道だと思うのです。それがキャスティングやアプローチの練習なのかもしれません。そういった努力をしている人、心がけている人が釣っているのは事実です。

この時代、この時間を皆と過ごしているのも偶然だし、それを楽しみたいものです。

魚がいれば何が起こるか分からないのです。しかし魚がいなければ奇跡も起こりません。健康で長生きして、できるだけいっぱい釣りをすることが最善なのではないかと、僕は最近考えるようになりました。そして毎日フィールドでいくつかの偶然を拾っていくのが釣りの楽しみである気がしてきました。

ガラパゴスでもいい。ハンドメイド・トラウトルアー王国JAPAN

世界に冠たるハンドメイドルアー・ワールドを展開している日本は今、空前のハンドメイドルアー・ビルダーブームといえるでしょう。先人の偉大なビルダーの時代から40年以上の月日が流れ、その間にさまざまな才能が世代ごとに現われ、日本人の持ち前の器用さとこだわり、美的センス、美学が融合して独特の世界観を演出しています。またビルダーはもちろん、コレクターの存在もそれを支えています。もちろんルアーだけではなくアクセサリー類も、これぞMade in japanというものが随所に見られます。

かたくなに一つのタイプにこだわっているビルダー、フィニッシュにとことんこだわっているビルダー、とにかく新しいことに挑戦し続ける人。SNSでは世界中のいろいろな国でハンドメイドルアーが映え、その国の美的価値観がよく表われています。そういう表現があるのか、そんなフィニッシュがあるのか、そのサーフェイスは面白いよね。同じように向こうの人たちも日本のことを見ているに違いありません。

トラウトフィッシングでの世界のスタンダードはフライフィッシングで、ルアーフィッシングは子供の釣りという位置づけ。人は僕ら渓流トラウトルアー・アングラーのことをガラパゴス的な箱庭の住人と呼ぶかもしれません。それでも僕はガラパゴスの「島」の中に住んでいたい。

僕らの釣りの世界はこれからどこへ向かうのでしょうか。そして各々の道を突き進んできたビルダーの皆さんをあえて同志と呼ぶなら、彼らの作品が今後どんなムーブメントとして世界に影響を与えるか楽しみでもあります。次の半世紀、どんな作品で世に何を問おうとしているのか、僕自身もそれを見てみたいのです。

ハンドメイドルアーにはビルダーのセンスが色濃く宿る

生き物を殺して命をいただくということ

僕の父親は狩猟が好きで今でも山を駆け回っています。御歳86歳、子供の頃から週末は山で一緒に鳥や獣を追っていたのを記憶している。だから家には常にカモやキジ、コジュケイ、ウサギ等の獲物があって、生き物を殺して食べるのは当然のことと受け止めていました。家では唐揚げといえばキジの肉だったし、焼き肉は今でも鹿肉で、すき焼きは野生のイノシシを食していました。それが普通だった気がします。

逆に父親は釣りをしませんでした。ひょっとしたら釣りあげたものを全部食べてしまう釣り人になっていたかもしれません。父の世代にとってはそれが自然なことなのでしょう。春に山菜を摘み、秋にキノコを採るように。

狩猟はあくまでも生か死。だから無駄には殺さない。むやみには殺さない。写真を撮ってリリースはない。そこが釣りとはちょっと違う。僕は成人して狩猟の世界に行かなかったことを後悔してはいませんが、死生観に大きく影響したのは間違いないです。

釣りも狩猟的な面は多い気がします。欧米で銃砲店と釣具店が一緒になっているのは偶然ではありません。今、日常的に食べているものの生きている時の姿を想像することは難しい。僕らの周りから生き物を殺すことがどんどん遠ざかっている生活のなかで、魚を釣って殺して食するのは本来、極めて自然で貴重な経験であると思います。生き物を殺して許される遊びは多くはないですから。

自分の子供と釣りに行った時、いろいろと感じることが多かったです。子供は自分が釣ったもの、捕ったものにとても執着すると思いました。それを自分で飼ったり、食べたりするのは本能なのでしょう。あなたの子供がそんな一面を見せたら、その本能を優先させてください。自分でもそんな本能に訴える時には、迷わず食べたほうが健康的だろうと今でも思います。

ではなぜ釣りではリリースするのか？　明日にもっと増やして、もっと大きくして食べるためかも？　でも、川にあふれるほど魚がいればきっと、「リリースしたい」なんて思わないのかもしれません。

キャッチ&リリースの意義

「キャッチ&リリース」という言葉は市民権を得たのだろうか？　僕がルアーフィッシングを始めた当時、海外からルアー&フライフィッシングというカッコいい釣りと一緒にこの言葉も持ち込まれた気がします。何かリリースするのが当たり前という風潮でした。バスはその啓蒙活動が上手くはまって今日まで来ている感じで、ほぼ１００％のリリース率ではないでしょうか。ヤマメやイワナはもともと日本に魚食文化があったので、当時からキャッチ&イート派との議論になったものです。リリースされても魚は死んでしまうという根拠のない発言が、まことしやかにもてはやされた時代でもありました。

現在ではリリースの有効性は科学的に実証され、リリース派が増えた気がします。それでもまだ魚を釣って自慢げに死んだ魚を並べた写真、子供の頃に雑誌で見た光景をＳＮＳで散見することがあります。１人で50尾も１００尾も釣って持ち帰ることがまかり通る世界を変えなくては。僕は魚を食べるのを否定するつもりはないです。ただほとんどの河川では数量制限が行なわれていない。そのあたりを漁協の方はどう考えているのだろう。

結局、尾数制限のないことが問題なのであって、科学的、経済的裏付けで尾数制限を決め、破った者を厳しく罰するルール整備が必要だと思うのです。今でも遊漁規則はあるけれど、根拠のある数字だとは思えない。1000円の日釣り券で10尾持って帰られたら漁協は赤字ではないでしょうか。もちろんすべてが放流魚ではないにしても、です。

極論を言うと、あなたがあなたのカーティス・クリークでキャッチ&リリースすると、それはその魚、川を守ったことと同じだと思うのです。限られた資源を大切に利用するためにはリリースは不可欠。リリースされなかった魚のDNAはそこで終わりですから。あなたがキープしたその魚は、僕がリリースしたことで生かされていた魚かもしれません。

釣りの最後を飾るのがランディング。リリースするなら確実にキャッチして、しっかりリリースしたいものです。正しくリリースすることは次の釣果につながります。また天然魚であれ放流魚であれ、リリースの重要性は変わりません。正しいリリースは表皮を傷つけないことを第一に考えるべきでしょう。乾いた石の上に乗せるなどもってのほかですが、それ以外にも表皮を傷つける行為は控えるべきでしょう。ヒレの割れを防ぐためにはネットの目は細かいほうがいいし、その辺りはフライフィッシャーのほうが意識は高い気がします。海外遠征に行く時も現地のウエーディングシューズとネットの規制はとても厳しい。海外ではラバー製のネットが義務づけられている場所も少なくないようです。それは他の素材では魚が傷むことが実証されているからでしょう。

リリースすればさらに大きくなった個体を釣る可能性もあるし、その個体が産卵してより密度の高い河川になる可能性もある。自分がさらに釣れるようにするためにリリースしている、そう考えればリリースも自然に行なえるのではないでしょうか。もっと釣りたい、大きな魚を釣りたい。その欲望の延長線上がリリースだと思いたい。

僕らは自然が好きだし、自然を保護することに熱心でありたいけれど、釣り人であることを忘れてはいけない。そこを忘れてしまうと単なる自然保護団体になってしまう気がします。僕らは魚がたくさん釣れる環境を大切にしなければならない、でも魚にハリを掛けて遊んでいる人種だということも自覚しなければならない。

僕は釣りがしていたいのです。そのために、しなければならないことは分かっている。リリースはそんな未来への投資だと思っているのです。

ずっと釣りをしていたい、だからこそリリースをする

リリースは魚へのダメージを最小限にして行ないたい。たとえばラバー製ネットの選択もその一つ

著者プロフィール
飯田　重祐（いいだ・しげひろ）

1962 年、東京都生まれ。神奈川県厚木市在住。丹沢、伊豆の渓流をメインに全国各地のトラウトフィールドを釣り歩く。小学校高学年から渓流釣りを始め、中学生で渓流ルアーフィッシングと出会う。当初からスプーンやミノーを自作しては釣行を重ね、大学生時代はバルサ製ハンドメイドプラグにのめり込み、トゥイッチングミノーの草分けであるバルサラピッドの原型を作り上げる。
現・（株）パームス勤務。ロッド、ルアー、関連グッズ開発のかたわら、同社 HP＝http://www.palms.co.jp/ 内にてブログ「飯田重祐のルアーメイキングストーリー」を更新中。

トラウトルアー釣《つ》り超《ちょう》思《し》考《こう》法《ほう》

2019 年 7 月 1 日発行

著　者　飯田重祐
発行者　山根和行
発行所　株式会社つり人社

〒101－8408　東京都千代田区神田神保町１－30－13
TEL 03－3294－0781（営業部）
TEL 03－3294－0766（編集部）
印刷・製本　図書印刷株式会社

乱丁、落丁などありましたらお取り替えいたします。

ISBN978-4-86447-335-4 C2075

つり人社ホームページ　https://tsuribito.co.jp/
つり人オンライン　https://web.tsuribito.co.jp
釣り人道具店　http://tsuribito-dougu.com/
つり人チャンネル（You Tube）　https://www.youtube.com/channel/UCOsyeHNb_Y2VOHqEiV-6dGQ